一道浓荫下的门扉，轻叩、推开，一段年华、一段历史扑面而来……

千山万水走过，再现的是沧桑的日月和流年……

刘雨菡 —— 著

从千山到万水

1949去台名人故居

团结出版社
UNITY PRESS

千山万水一线牵

时序进入 21 世纪，2015 年 11 月，海峡两岸国共两党领导人终于 66 年后首次握手言和，时间的流逝，真能把一甲子的恩怨情仇一并卷流而去？

时间的递进，确实将悲欣交集的历史，凝固在一栋栋名人俊彦的故居中，于 1949 年前后，陆续来台定居的政治人物、史学家、艺术家、文学家、哲学家一一走入史册，伤痛的、辛酸的、惆怅的、欣慰的故事也慢慢沉淀、慢慢发酵，因此当门扉重启，曾经充盈在馆舍内的情怀与声息，便解冻似的融入当代访客心里，再蕴生出令人回味无穷的历史篇章。

在本书收录的名人故居中，我首先到访的是文学大师梁实秋的雅舍，当时应台湾《交流》杂志之约写采访稿，未料，其一，我循着地图找到雅舍的所在，才发现它就位于极熟悉的台湾师范大学商圈内，过去经常闲逛其间，倒不知《雅舍小品》的题材，多半取自梁氏一家在此生活的点滴；其二，雅舍的外观、格局与情调，又与外公 40 多年前的日式宿舍相似相仿，一趟雅舍行，勾起我最美好的童年回忆，也唤起久未温习的中国现代史。

故此，一边为雅舍写采访心得，一边好奇地想，民初的风云人物在台湾留下的寓所，有哪些已对外开放参观了？学历史的我知道，除了雅舍，还有张学良的禅园、蒋介石的行辕别馆、张大千的摩耶精舍……

上网查询，如中宾果般，于近 10 年修复后对外开放的名人故居，竟有 13 栋之多，且往新竹五峰山追索张学良的深山居留所时，又意外发现三毛的一栋租来筑梦的红砖屋。

14 栋名人生活过的馆舍，丰富的分量不正好书写一本"借景叙事、借物寄情、借史鉴今"的深度人文旅游书吗？

陪女儿画完唐诗，写完《陪孩子画唐诗》的亲子教育散文之后，正愁找不到继续以写作立言的大题材，如能借此良机，完成一本文图并茂，有史观、有人文情怀、有美景美食飨宴的著作，那么即便不能扬名立万，至少也能实现"文以载道"的愿望吧！

曹丕在《典论论文》首句写道："文章乃经国之大事，不朽之盛业"，这等文人作家的抱负深深地影响着我；而余秋雨的《文化苦旅》则深深地感动着我！

于是，《从千山到万水》的探访之旅、书写之旅就这么马不停蹄地展开了。过程中令人兴味十足的是：不仅在梁实秋的雅舍，读到胡适关注、鼓励《莎士比亚全集》的翻译任务，也读到梁实秋与胡适、徐志摩等文人一起上酒家的荒唐风流；在胡适纪念馆又读到胡适对于林语堂、殷海光如雪中送炭般的赞助；在钱穆的素书楼读到钱与胡适亦师亦友的情谊；在张大千临摹敦煌壁画的创举中，读到于右任的赞许；在于右任的诗篇中读到于右任对张大千的称颂；而蒋介石与胡适、与张学良、与孙立人的恩恩怨怨，更是丝丝相扣，剪不断理还乱……这些民国初年的大人物，在20世纪的前半叶各领风骚，却又互相交谱出风云绝代的中国现代史页，真是千山万水一线牵！

奋笔疾书期间，一位曾经担任媒体记者的朋友，以记者犀利的职业病问我：此书的内容，与网络上、出版书刊上，无数相类的人物列传有何区别，又有何脱颖之处？

我胸有成竹地回答，拙作有几项特色，应比坊间的出版物，及网络作者的品评文章更为完备：

一、完整而深入。目前关于名人故居的介绍（包括各故居的简介），通常较着重于对故居建筑及环境的着墨，对名人之生平故事及贡献，多半知之不详，或略述其一二而已。而拙作则尽力梳理名人生平故事的来龙去脉，以期完整、扼要地呈现出"精简版的名人传记"。

二、借景叙事。网络上，介绍名人生平的百科、史传或评论，均为单纯的文字稿，所附的图片极少。拙作则尽力透过对"故址遗迹"的追索与描写，与名人一生的行谊串连，企图将影视纪录片的临场感，转载于平面书册中，期令阅读者有身临其境、生逢其史的感受。

三、独创历史游记的杂志风貌。本书除了对名人生平及故居，做深入的陈述与评价外，并兼及邻近景点、美食、商圈的介绍，力求展现"深度人文旅游杂志"的规模，给予读者物超所值的感受！

从"千山之陆"飘渡"万水之岛"，颠沛流离的沧桑故事，已在每一栋故居里化作一厢风华、一窗星月、一则本事。历史，可以理性地解读，也可以感性地阅览，《从千山到万水》恰恰提供了客观的史评，及深情的缅怀！

另外，2015－1016 这两个年度，对我个人也是极具意义和纪念性的，托北京好友许华兄提携，我的两本具代表性的著作《陪孩子画唐诗》及《从千山到万水》，得以在上海与北京两地先后出版发行。许华兄是专研"甲午战史"的青年学者，我们结识于1993年，我和摄制组前往大陆拍摄、采访甲午战争遗迹的首站——北京。

我们因为年纪相当，也都是历史系的毕业生，一见如故，相谈甚欢。尔后，靠着早期的书信、邮件，及现在的微信断断续续交流、问候，逐日建立起深厚的友谊。去年，他告知我他的大作《再见甲午》问市了，一方面令我惊觉时光荏苒，转眼间竟流逝了20个宝贵的年头，惭愧自己年华虚度，另一方面也敬佩许兄已从一位年轻的学者成为中国海军史的大家！

幸好，他的新作问市，我也正好有上述两本作品期望在祖国大陆争取出版发行的机会，感谢许兄对我的信赖与认同，在他鼎力相助之下，立马心想事成！20年前，我俩都还是初出茅庐的大学毕业生，20年后，我们都在写作上交出成绩单，以笔记录分居两岸却以共同的文化为系的生活轨迹，这不又是千山万水一线牵的佳话吗？！

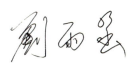

快意正在眉角处

年少时，不像今日计算机时代那样有缤纷庞杂的信息免费涌到面前。我喜欢看一本杂志——《读者文摘》，很生活、很积极、很有趣、也很浅白和有用。我尤其喜欢不时刊载的传记故事和卧游寰宇两种专栏，总以为有一天会效法典型或游历世界。结果两项都没有实现，倒是因为个性和工作关系，台湾头尾跑了不少地方。因此常在朋辈同侪中以知晓台湾风土掌故作炫耀，也因此对近年来一些电视观光节目和书店里导游书籍不以为然：感觉上总是缺少那么一些"眉角"。而雨菡小妹这本书，却让我有惊艳之处。

雨菡学的是历史，当过电视节目制作人、室内设计师及艺术经纪人，万变不离其宗——她钟情于人文、艺术、历史和美学，并且有志要和大家分享她的心得和福喜。十年前，她曾经写过一本书：《今天，回家喝咖啡》，告诉大家咖啡种种知识和情趣，害得我从此把一部分花费和时间从茶、酒中拨付出来。这次她又嘱我补序，不知弄墨的我还会有什么样的冲动。

这是一本旅游导览书，但它却浮现了景、境、情、静：由景色提升到意境、因情怀而引发出静思。它不是目不暇给、走马看花的行程；更不是"好好玩、好好看、好棒噢、好吃噢"的赞叹，而是好好地体会和品享——那些曾有的光耀和落寞、曾有的执着和放下。

文物是沉默的、景色是共识的，但随着季节、光影和心境，它们营造出四度空间：那吱吱作响的回廊、那细风斜雨的窗帘、那尚有余温的壁炉和烟斗，于是故居的主人和我们有了交融和交响：就在那素净而宁静的书桌前，我们不由得猜测他：是在擘划构思，是在扼腕叹息，还是准备熄灯就寝？

这是一本够分量的导览书。它结合了报道和指引，它结合了美景和美食、它结合了艺术和历史，它更结合了天命和人情。雨菡论不上是文学家，但她有散文家的细腻和流畅的笔力；她也不是史学家，但有文人"余心戚戚"的感受和感动，由此它影响了我们。万般风情总是它，这本书可以塞在行囊中参考，可以置于案前作镜鉴，也可以放在床头遣怀，甚至于可以摆在书架上向朋友炫耀和分享——它有这分量。

这是一本不寻常的旅游导览书。这些年两岸交流频频：政治的无非化解对峙，经济的无非共创荣景，文化和艺术的无非相互观摩更求精进。透过许多旅游参访、经贸协定、艺文展示和宗教祭祀，的确，两岸彼此加深了了解，但仿佛就是少了那么一条最贴近历史和人情的脉络相连。这本书让我看到一丝曙光：原来这些名人将战乱和功过、故国和异乡、伦常和亲情、理想和贡献，为两岸架起了一座无形的桥梁——谁都不能相忘、谁都不能相弃。设想这些年来假如两岸把更多的机会和资源共同挹注在这群名人身上，那会有什么样的璀璨出现？这本书似乎暗示了这一点。

传统的台湾俗语中有一个名词"眉角"，意指细微处的窍门和惊喜。看了这本书，我看到了观光台湾的一些眉角，也看到了几位名人荣辱成败的眉角。眉角就在书中和那些故居里，所以我以为：

读一遍，浮看近代党、政、军、学沧桑

游半日，轻尝名人喜、怒、哀、乐风流

这应该是旅游的快意，也正是历史的兴味！是吗？

"中华广播电视节目制作同业公会"

理事长　俞晓佩谨识

感慨：从千山到万水

雨菡妹将在北京出新书了！得知信息不胜欣喜。《从千山到万水》，这书名就引人入胜，令人感慨。雨菡长期从事文化事业，有很多"头衔"，做过主编，当过电视节目制作人、室内设计师、艺术经纪人。她在台湾已出版过 3 本散文集，如今又到大陆著书立说，2015 年已先在上海出版《陪孩子画唐诗》亲子散文绘本，现出版此书，又成了跨足两岸的作家！

我和雨菡相识屈指已有 12 年了。记得那是 2003 年，她为了拍摄电视纪录片《郑和下西洋》，率摄制队从台北来到上海。我配合她，负责接待与联络。因为年长的关系，她尊我为大哥。后来，她又到上海，在莫干山路的文创园区经营画廊。无论是把大陆的镜头传回台湾，还是把台湾的艺术播到上海，她都是一个辛勤耕耘的使者，一个为文化交流而奔波的使者。

我们常说，一个人的能力是有限的，像高山峻岭中的一粒沙，像滔滔江河里的一滴水。但正是这一粒沙，一滴水，汇成了"千山万水"。雨菡正是那坚强执着的一粒沙、闪烁着七彩光辉的一滴水。

因为工作的缘故，我早在 20 世纪 90 年代开始，就常常去台湾。《从千山到万水》这本书里记载的名人故居，有些我也曾经造访过，像士林官邸、胡适公园与"中央研究院"、北投温泉博物馆等。但是，阅此大作，才发觉自己只是走马观花，浮光掠影，很多"隐情"全然不晓。雨菡以其女性特有的细腻，多次深入采访，不仅图文并茂，而且对历史年表、地理方位、事件原委，都考证得十分详实，增添了此书的实用及参考价值。如《井上温泉"将军汤"》一文，介绍的是西安事变后张学良将军被软禁在新竹的"故居"。我反复阅读了好几遍，每一遍都会唤起和补充我对当年参访时的记忆与印象。

雨菡重墨于故居，自然离不开居住其间的人物。不管是叱咤风云的戎马军人、博学多才的智囊文胆，还是享誉海内外的艺术家……他们到了台湾以后，两岸的民众，特别是大陆的民众，都会关切。这些名人"为什么？"后来"怎么样？"是人们茶余饭后时常热议的话题。雨菡历经辛苦的力作，正在努力地回答和倾诉。

　　人世沧桑，政治和社会的变革，让一部分原本在大陆的名人"转进"了台湾。名人之所以有名，主要是其在一定历史阶段具有的社会影响力和感召力，在他们身上，有太多的引人关注之处。六十余年来，两岸之变迁，关系之发展，值得深思与回味。如果您有机会到台湾，此书乃是出色的向导。让它也带着您进行一次探访故居，寻访故人的旅行，那时，您一定会更深刻地体会到"开卷有益"。

葛凤章　上海海峡国际旅行社董事长
《两岸关系》杂志社办公室副主任

海水无法割断的血脉

　　极富人文情怀的台湾美女作家刘雨菡是我结识的第一位台湾朋友。二十多年来，我们虽然很少见面，但一直断续保持着书信往来。如今，她的新书《从千山到万水》在北京出版了，我很是为她高兴。刘女士再三热诚邀请我为她的这本新书撰写序言，盛情与荣幸难却之下，我只好提笔写下自己此刻的所思所想。

　　《从千山到万水》，主要讲述的是 20 世纪 40 年代末那个天翻地覆的特定历史时期，内地的一些名人在台湾定居的场所及其相关联的背后往事。作者以女性作家所特有的细腻与温润笔调，辅之以大量精美的图片，将这些名人与那个风云际会时代所经历的历史巨变，图文并茂地婉婉道来，生动描绘出一幕幕沧海桑田中的人间真情往事，读来令人感怀不已。

　　的确，从 19 世纪中叶到 20 世纪中叶的百余年里，中华民族经历了前所未有的历史大动荡，而伴随这种沧桑巨变的往往多是无情的烽火硝烟与无奈的妻离子散，直到今天使得原本血脉一体的中华民族，被一泓并不宽阔的海水隔离成遥相对望的两岸。1949 年后，内地与台湾开始陷入长达数十年的两岸隔绝状态。这种严格的隔绝，使得两岸民众之间，彼此的相互了解变得非常有限，进而出现诸多因隔绝而造成的种种误解、曲解甚至歧见。

　　但是，两岸民众身体里流淌着同种同温的热血，毕竟要浓于台湾海峡里冰冷的海水。同种同文的两岸民众，无论是在历史血脉还是现实生活中，实在是有无以尽言的相同相似相近之处，彼此之间总是有说不完道不尽的共享话题。1987 年底，隔绝海峡两岸的坚冰开始被打破，并以 1992 年达成的"九二共识"使两岸之间的交往交流进入新阶段。

　　而我与本书作者刘雨菡的相识与交往，正是始于"九二共识"之后；早年的这段往事不仅有趣，大概从中也能折射出两岸交往交流加深了解的渐进过程。记得那是在 22 年前即 1993 年的深秋时节，为纪念 1894 甲午战争一百周年，台湾中华电视公司要拍摄一部关于甲午战争的电视纪录片，而毕业于台湾东海大学历史系的刘小姐担任该片编导，于是她和同仁们第一次踏上了紧张而陌生的内地之旅。经中华全国台湾同胞联谊会（简称"全国台联"）的居间协调，身为专业从事近代军事史研究工作的现役军人，我作为一名学者接受其有关甲午战争历史的采访，并陪同摄制组在京津地区进行相关采访拍摄工作。

在最初的几天里，刘小姐及其摄制组的同仁们并不知道一直身穿便衣的我是一名军官（其实并非向他们刻意隐瞒身份）。经过几天的工作之后，他们与我的交流也由初始的谨慎开始变得逐渐松弛起来。记得有一天在故宫拍摄间隙，我们一起坐在后宫御花园里的长椅上小憩，刘雨薇有些不好意思地告诉我说，在此次内地拍摄之行之初，他们对内地存有很大的戒备之心，担心会受到内地"军警宪特"的随意刁难或限制。我当即问她："你接触到内地的军人了吗？他们可怕吗？"她回答：尚未接触到任何一名"共军"。我立刻笑着告诉她："本人就是你所恐惧的'共军'！我可怕吗？"结果当然是她和她的同仁们短暂愕然之后的安心欢笑。在见识了北京的一场漫天大雪之后，刘小姐和她的摄制组同仁们在寒冬里又相继奔赴山东威海和辽宁大连等甲午战争战迹地进行采访拍摄，在各地台联机构的协调保障下，他们的工作非常顺利，原先充满恐忧的内地寒冬采访拍摄之旅，在他们心中留下了温暖的记忆。可以想象的是，当他们回到台北后，向亲友及同仁们所转述的，一定是内地各界朋友对他们的友善与诚意，也一定有助于消除他们长期以来对内地形成的许多误解与偏见。

令二十多年来到内地旅游或探亲的数百万台湾民众有目共睹的是，经过三十多年的改革开放，尽管还存在着一些未尽如人意之处，但内地在整体上已经获得了巨大的发展与进步。如今，海峡两岸的关系虽然也不乏一些曲折与波动，但两岸之间在经济与文化等众多领域的交流交往却从未有过片刻的中止。目前，内地十三亿民众正在致力于实现中华民族伟大复兴的中国梦，台湾两千三百万民众也在努力谋求自由幸福的生活。从本质上讲，海峡两岸民众对美好未来的向往与追求是一致的，这也正是海峡两岸社会各个层面保持交往交流的基础。我相信，这种有益于两岸民众消除隔膜、增进彼此互信互惠的交往交流，会得到不断深入的推进。

就在本月上旬，中共中央总书记习近平与中国国民党主席马英九在新加坡进行了1949年以来两岸国共最高领导人的首次会面，两人的手紧紧握在一起。这历史性的一握，冲破了两岸交流形式的最后束缚，翻开了两岸关系历史性的一页。我们有理由对两岸关系的未来发展前景充满信心。

浩渺的大海，无不来自涓涓细流的汇聚。从很大程度上讲，任何一个伟大民族跌宕起伏的历史巨变，也无不是由一个又一个血肉之躯的人生历程所叠加而成。被刘女士选入本书里精心讲述的这些名人往事，正是百年以来时代大潮里亿万个血肉之躯中各具特色的个体代表。作为读者，我特别期待自己能尽早踏上海峡彼岸的宝岛，手携这本精美而温馨的《从千山到万水》去"按图索骥"，追寻那些将自己的后半生年华永久镌刻在台湾这片美丽热土上的名人踪迹。

2015 年 11 月 30 日于北京玉渊潭畔

目录
contents

○四　北投安余生

○五　南港蔚学风

阳明话春秋

幽默大师的艺术城堡——林语堂台北故居

林深不知处的阳明书屋——蒋介石台北故居之二

夏日避暑别苑草山行馆——蒋介石台北故居之一

夏日避暑别苑草山行馆

蒋介石台北故居之一

右　进入大门即见宽敞的前庭

左　上百年的枫香与相思树犹如观景咖啡座的天然帐幕

2015 年立春刚过，台湾却因冷气团包覆，风寒料峭，在飘着细雨的低温下，去探访草山行馆，应该可以避免游人如织的拥挤吧，虽然阳明山花季已揭开序幕了。

每逢花季期间，阳明山仰德大道都会实施交通管制，欲开车上山只能绕道而行。从平等里转菁山路上山，盛开的樱花不断地在风雨中绽放足以燃升温度的红焰，可以想见阳明公园内的八重樱、绯寒樱、山樱互相争美的热闹景况。

在第一停车场停好车，冒着凛冽的寒风，循着指标找到草山行馆入口，竟是一条极不起眼的小径，连路口的小吃店都没拆除，百姓的民房或许正是最佳的掩护措施吧，行馆的末代主任黄信彰回忆：

草山行馆是木造平房，紧靠矗立的坡壁，上方是民宅以及空军经营的新生社招待所，全无防护可言，加上前无树木遮阴、后为山壁而不通风，夏天日晒

也是热不可当，所以老先生夏天午后回山上时不一定直驱入馆，有时直接到山公园的一幢小木屋去休息或处理公务，或轻车简从到后山公园上方的森林公园散步。

接着出现一栋由当年驻卫警哨站改成的"92艺文中心"及供艺术家进驻创作的工作室，继续往下走一小段路，终于出现一栋石头屋，造型犹如万里长城的一段关隘，半圆拱门廊又充满西式风情。

迎宾的庭院颇为宽敞，庆幸寒流来袭，访客稀落，不致妨碍摄影镜头。正对着入口大门的石雕既引人注意，又巧妙地与石砌墙融为一体，是台湾知名石雕家王秀杞的作品，雕塑着一位母亲与一对儿女一起阅读的画面，母亲的左手伸到背后，扶着爬在背上的小男孩，小女孩则和妈妈同样跪着，捧书共读，温馨的天伦亲情为体温灌注了些许暖流。

另一端可以俯瞰山景的咖啡座旁，也有一座"仰天"石雕，同样出自王秀杞之手，石雕因硫黄气的浸染，已现岁月经年的褐斑，上百年的枫香与相思树，庇荫着石雕及观景露台上的咖啡座椅，朗朗晴日在此品味咖啡，一样令人心旷神怡！

浴火后重生　草山老官邸

这栋行馆，并非为蒋介石及宋美龄兴建的官邸，而是1920年日本统治时期，由日本总督府建造的台湾制糖株式会社招待所，当时是为了日本皇太子——后来的裕仁天皇到台湾视察时所建的行馆，不过据说皇太子在此仅滞留了两个小时即离去，而后成为日籍文人雅士聚会之地。

1949年6月，国民党的部队陆续撤离南京和上海，蒋介石知道大势已去，不得不选择台湾作为退守的根据地，并准备离开暂栖的桃园大溪，到台北主持"东南军事会议"，当时担任台湾省主席的陈诚，便安排蒋介石夫妇下榻到这个草山第一宾馆。据随从人员回忆，蒋介石初到此处时曾表示：

草山的景致酷似浙江的莫干山。

民国初年，不少政商名流在莫干山拥有私人豪华别墅，一如后来阳明山上林立的富豪宅第，蒋氏夫妇的新婚蜜月也是在莫干山度过的，拜把的兄长黄郛借他们一栋美丽的别墅"松月庐"欢度新婚假期，那是一处居高临下、坐拥壮丽景观的胜境。

而暂住草山第一宾馆期间，也正是蒋介石夫妇俩阔别一年两个月、再度重逢的小别胜新婚期，此刻的心情虽万分低落，但风景秀丽如莫干山的草山（当时不叫阳明山），也慢慢宽慰了两人的愁绪。于是这个第一宾馆，成为蒋介石迁台后的第一个"总统"官邸，别称"草山老官邸"或"后山官邸"，至1950年士林官邸完工后改名为"夏季避暑行馆"。

行馆位于阳明山公园第一停车场旁，临近阳明公园知名的花钟景点，幽静宜人，且地处草山战略高点，基隆河与淡水河在眼前交汇，远望可及关渡平原、社子岛、观音山，自然美景尽收眼底。蒋氏夫妇迁居士林官邸后，行馆依旧是避暑与接见贵宾之处，许多重要的制度改革、决策及会谈，皆在此进行。

行馆占地共4275平方米，包括主馆及四幢建筑。建筑采用当地的林木（以桧木为主、杉木为辅）及石材，风格为20世纪初期的日式木构，但迎宾的入口处则采用石砌拱门的欧式风格，颇具中西合璧的美感。

台北市古迹暨历史建筑审查委员会于2002年12月19日将官邸登记为历史建筑，正式更名为草山行馆。接着，台北市政府文化局将此处规划成为文化艺术活动中心，于曾经冠盖云集的美庐（昔日的宴会厅），现为文创商品展售区。

2003 年 4 月 5 日正式对外开放。

　　未料 2007 年，草山行馆竟遭到无名大火吞噬。当时陈水扁即将卸任，台湾政局又进入政党即将重新洗牌的紧张氛围，山雨欲来风满楼。4 月 7 日，新闻报道：山风太烈无法控制火势，象征"蒋氏威权"的馆舍付之一炬。主建筑物全部毁坏，仅存正门、红砖外墙及门口的蒋介石铜像。但是不是人为纵火，随着蒋氏政权失势，并未出现追凶究办的强烈声浪。

　　2009 年，马英九当选台湾地区领导人，台北市文化局再次接手重建，采用地道的日式建筑工法，力求恢复旧有的格局和面貌，终于在 2011 年 12 月 30 日再度对外开放参观。

结庐在仙境　红尘浮烟云

　　走进石砌主屋大门，穿过门票及纪念品贩卖区，先来到取名美庐的艺文空间，这既是行馆内主要的展览厅，也是文创商品的销售区，过去则是蒋氏夫妇接待宾客的厅室，曾经在此出现的贵宾包括美国总统尼克松夫妇、麦克阿瑟将军等西方政要，极具历史纪念意义。

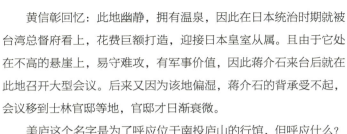

黄信彰回忆：此地幽静，拥有温泉，因此在日本统治时期就被台湾总督府看上，花费巨额打造，迎接日本皇室从属。且由于它处在不高的悬崖上，易守难攻，有军事价值，因此蒋介石来台后就在此地召开大型会议。后来又因为该地偏湿，蒋介石的背承受不起，会议移到士林官邸等地，官邸才日渐衰微。

美庐这个名字是为了呼应位于南投庐山的行馆，但呼应什么？原来蒋介石在庐山别墅园里的一块天然巨石上题刻了"美庐"二字，一面赞颂美丽的庐山，一面表彰"美龄的别墅"。不过南投的庐山行馆是一栋纯日式的房舍，这个美庐却开着西式的高拱窗，屋顶也较日式房舍挑高，再结合简约禅风的空间感，令人耳目一新，一扫山雨欲来风满楼的阴郁气息，更添游访的兴致！

往里走，首先吸引我的是木隔落地窗围出的长形天井，中间有个心字形的水池，故称心字池，天井宛如打开天窗的温室，不但捎来充足的阳光和空气，也迎入绿意盎然的生机，成为绝佳的借景区，据说当年宋美龄也常面对着这一片小花园临摹写生，真是一栋令人流连再三的历史建筑！

特意闲步绕行天井四分之三圈后，穿过独立的茶席，才走进第二个厅室——饮和堂，直接来到饮和堂的终端，一台黑色的平台钢琴作为端景，端景的墙上写着"草山行馆"四字草书。黑色的钢琴配上黑色书法，又是中西合璧的陈设，令用餐的空间充满高尚的文艺气息，爱吵闹的孩子，在这里是否较能安静下来享受用餐的情趣？

现供应午晚餐的饮和堂，是昔日的书房及会议室，名称得自《庄子·则阳》："故或不言，而饮人以和。"在此用餐，确实有和畅恬适之感，窗外的一抹白云、一片霞辉、一片雾茫，都足以沉淀从城市带来的焦躁与尘劳。

饮和堂的大窗景，收纳的是关渡平原之美，两河交汇，视野辽阔，除了有风水上的纳福之气，也有君临天下的俯瞰之势，加上后方有山壁为靠，又宛如易守难攻的军事要塞，因此蒋介石特辟为专用书房，在此筹划军政大事。

此时此刻阳明山的五节芒又高过孩头了，迎着呼啸的寒风，更显苍茫萧瑟，凄凉也是一种美，正是最契合"为赋新词强说愁"的氛围。据说天晴时，在堂外檐下的咖啡座，点一茶一盘点心，或思

心字池

左边入口为饮和堂

餐厅前景吧台

饮和堂端景

环绕的长廊

索阅读，或赏云观雾，或欣赏如星点的万家灯火，坐上一整天都不嫌单调无聊。

夏宿秋迁　夫唱妇随

再往内室走，就是蒋氏夫妇的卧室及私人起居室，现已规划成茶席和展览厅。称为萃英堂的茶席，即蒋介石的卧室，黄信彰追述：

卧室里有一张行军床、两张藤椅和一个简陋木柜，老先生是军人，早睡早起；蒋夫人受美国教育，晚睡晚起。老先生因背痛只能吹自然风，夫人怕热则一定要用空调；两人分房睡，理所当然。

蒋介石的居室摆设极为简朴，加上早年留学日本，也非常适应传统日式的住宅机能，但留学美国的宋美龄却无法适应迭席（榻榻米）及日式澡堂，疼惜夫人的蒋介石，也同意拆除迭席并将卫浴全部改成西式的现代化设备。

室内空间改装后，加上阳明山风光明媚、鸟语花香，整座山就像皇家的御花园，蒋氏伉俪便因此出现候鸟的迁移生活：每年端午节前后，气温

逐渐升高时，便一起回到这个避暑别苑度暑日，等到中秋节前后天气转凉，再回到山下的士林官邸过冬。

大雅堂昔日为宋美龄的专属卧室，现改成艺文展览室。或许是为了呼应宋美龄对于艺术的热爱吧，她曾经在此接待过来自美国的女低音歌唱家致玛丽安·安德森，并展现亲民的一面，接待来自苗栗的妇女代表，接受妇联会员精心编制的草帽及手提包等工艺品。而且到台湾之后，也开始向黄君璧及郑曼青两位水墨画家拜师学艺，画艺日益精湛，显现了她允文允武、风华绝代的才华！

我们到访时，大雅堂内正展示着王秀杞的雕刻作品，其作品旨在传递对乡土与社会的关爱，呈现人性的真善美，因此草山行馆特别在 2015 年的第一个档期，展出其系列象征"爱与关怀"的作品，也正好呼应大门口的石雕精神。

甜蜜与遗憾　喜忧各参半

位于终端的介寿堂原为蒋氏夫妇的专用起居室，现成为蒋介石文物的常设展览室，现场展示两套蒋介石生前常穿的西服，一套是婚礼所穿的礼服，一套是日常的便服。

行馆保存最佳的旧遗物，就是装设在这个厅室内的壁炉。由于山上温度多半偏低，加上宋美龄的雅好，当时特别请改装的建筑师设计了美观又实用的壁炉，壁炉结构稳固，历经祝融之后依然幸存，唯熏黑了原来的大理石表面，已在重建时更换。

堂内展示的座椅，完全保留当时的样式和风格。

草山行馆装载着蒋氏夫妇俩幸福甜蜜的生活剪影，但也留下一段憾事。

依蒋介石生活作息安排，上午主持过军事会议，中午喝过午茶、吃过点心，约莫下午 4 点钟前后，如果天气允许，就会和宋美龄坐车到台北近郊兜风，这是夫妇俩行之多年的散心之旅。

1969 年 9 月 16 日下午 5 点，其座车刚结束兜风行程，欲回到草山老官邸，车队上坡沿着阳明山仰德大道前进，到岭头、永福附近，正好遇到在阳明山上参加军事会谈的将官们散会（蒋于上午参加此会），军用汽车一辆接一辆鱼贯下山，风驰电掣，每部军车的车速几乎都超过 60km/h。经过一天会议，参加会议的军官们个个归心似箭。

当蒋的前导车，驶过一道大弯，行进停靠在路边的公交车附近时，忽然一部军用吉普车，猛然从公交车左后方超车窜出，迎面朝前导车冲撞过来，前导车虽然机警闪避，但蒋之座车司机，却在情急下误踩油门，夫妇两人均身受重伤……这次车祸之后，蒋介石的健康便亮起红灯，心脏宿疾日益恶化，半生跟随左右的贴身侍卫翁元表示：

这场车祸改写了台湾的历史，因为车祸提前结束了蒋介石的生命。

不过，台湾省籍情结的争端与纷扰，并没有因为蒋介石逝世而化解、弭平。

巡礼馆舍一圈之后，回到饮和堂，准备享用有着蒋介石家乡味的晚餐，窗外的天色已蒙上黑纱，坐在室内望不到山下那片被形容如浙江溪口镇的灯火人家；五节芒在风雨中迎风萧萧，亦不知莫干山初春的夜色是否同样天苍苍、野茫茫？倒不如静下心来享受饮和堂里由温暖的灯光、悦耳的音乐、美味的食物，以及不染尘嚣的宁静，共同交织出来的幸福滋味！

开放时间：周二至周日 10:00 — 17:00
餐厅时间：周二至周日 11:00 — 21:00
地　　址：台北市北投区湖底路 89 号
电　　话：00886-2-28622402
注意事项：现场可自由拍照

介寿堂，昔日为蒋氏伉俪的起居室，现展示着蒋介石的服装，及于火灾中幸存的壁炉。

中式风格的座椅，朴素而雅致，依当年样式复原。

林深不知处的阳明书屋

蒋介石台北故居之二

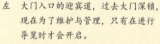

左　大门入口的迎宾道，过去大门深锁，
　　现在为了维护与管理，只有在进行
　　导览时才会开启。
右　白色入口门廊与白色照壁，成为最
　　鲜艳的颜色。

　　从临近草山行馆的阳明公园第一停车场，再往山的深处前进，经过花钟风景区，接
阳金公路方向，转入中兴路，不久就可以抵达蒋介石在台湾的最后一个行馆——中兴宾
馆（现名阳明书屋），而这个蜿蜒的路径，也是蒋介石及宋美龄最常从草山行馆前往大
屯山（阳明山系）散心的游园路。

　　曾被称为"总统路"的中兴路，由于昔日戒备管制，意外养护了两岸森林丰富的动
植物资源，道路左右林木罗列，也形成著名的绿色隧道，喜爱登山或健走的游客，一大
早就会前来散步运动，行动不便及轻微中风的病人也经常前来散步复健，因此这条路又
被称为"复健路"，由此可以想见这一段路途上不受污染的森林是多么有益身心！

　　多年前，因采访工作之便，曾三度造访阳明书屋，那是在国民党党史会进驻的20世

纪末，距离蒋介石逝世约二十年。二十年的岁月，还不至于让一栋房舍因人去楼空而老化、长霉，所以很庆幸的，我曾见闻到阳明书屋风和日丽、鸟语花香、气氛恬适的美好景象。

2015 年初春，因写作计划，在拜访过草山行馆之后，不久便择一个天气回暖的花季尾声，前来探访今日的阳明书屋。时隔十余年，美好印象犹存脑海中：满眼绿意夹杂姹紫嫣红的迎宾道、入口庭园的桂花香、宽阔大气又清朗素雅的室内陈设、宋美龄品位的粉红色欧式卫浴……旧地重游的兴致，慰解了等候导览时的一些失望，例如室内不能拍照、不能任意游逛、导览时间仅 1 个小时等限制。

深锁的大门终于开启，迎宾道上还未凋谢的两三株八重樱仍在一片绿意中绽放粉红的笑靥，花季将谢幕了，天空的蓝慢慢转灰，太阳也将谢幕了，我们赶紧跟上导览的速度。

风水大逆向　照壁成面壁

中兴宾馆位处七星山、大屯山和纱帽山之间，海拔约445米，地势起伏较缓，夏季凉爽，宾馆未建造前，是一片蓊郁的森林，蒋介石看上这片森林美景，加上前方有淡水河和基隆河汇流的绝佳风水，决定在这里打造一栋完全由自己设计、规划的避暑别苑。在此前所住的官邸及行馆，皆是据日本统治时期的遗留修葺而成，空间及风水机能多半受到限制。

1969年，中兴宾馆开始动工，1970年落成。工程期虽短，但使用的建材却不马虎，据说宾馆大门的门环是远从德国进口的，一花一木及水池里的锦鲤，都经过精心的设计和安排，监造者是宋美龄最疼爱的侄女孔令伟，台北圆山大饭店也是这位孔二小姐监督建造的。

整座宾馆的风水布局，则完全遵照蒋介石的旨意。蒋介石对此非常执着，经他选中作为官邸或行馆的地点，几乎都考虑到风水的作用和影响力，而中兴宾馆位置又以高度的隐秘性，胜出其他行馆。

但蒋介石中意的风水格局，却令专家跌破眼镜，并产生种种穿凿附会的联想。譬如宾馆一改古代封建帝王最讲究的坐北朝南向，改成坐南朝北之向，入口的大门直接朝向山壁，不禁让人有"面壁"的疑窦，也有人引申此乃蒋介石"山穷水尽""处处碰壁"的运势作祟。

另外，宾馆位置与胡宗南墓园仅咫尺之遥，一样令人不解，有人认为似乎犯了阴阳对冲的忌讳，尽管胡宗南是蒋介石于黄埔军校时期最钟爱的学生。

其实宾馆的入口大门虽然面山，但离山壁还有一大段距离，倒是面对着一座白色的大"照壁"。照壁是传统四合院建筑中一种讲究风水布局的设计，因气不能直冲厅堂或卧室，否则不吉。避免气冲的方法，便是在大门前方不远处设置一堵墙，且为了保持"气畅"，这堵墙不能封闭，只令其产生挡风、遮蔽视线的作用，而墙面若有装饰还可创造"对景"效果。照壁可设于大门内或外，前者称为内照壁，后者称为外照壁，形状有一字形、八字形等，通常是由砖砌成。

中兴宾馆的照壁为一字形，一样分上中下三座形式，最上段为绿色琉璃瓦，中间主段为白墙饰以浮雕花，正中对着大门入口处为一饼图腾，正中间刻着红色的"千秋万岁"篆体字，5只蝙蝠围绕于外，象征富有、健康、长寿、修德、善终5种福报。下段为简单的基座。可惜这座照壁想营造的宏大对景，却没有为蒋家政权开创出长治久安的基业，反而成为蒋介石在台湾的最后一个行馆，因为行馆刚动工那一年，蒋介石夫妇即遭逢人生最重大的车祸，从此健康每况愈下！

大门正对着这堵白色的大照壁，照壁为一字形，白色浮雕装饰，凸显红色的篆体字。

照壁上的图腾，正中间刻着红色的「千秋万岁」，5只蝙蝠围绕于外，象征富有、健康、长寿、修德、善终五种福报。

故友已断交　银桂独自香

中兴宾馆总占地约15公顷，范围包括中兴宾馆(主馆)、大忠馆等9栋建筑物，以及梅园、森林公园、后花园3座庭园，是蒋介石所有的官邸、行馆中最大的一栋建筑物。中兴宾馆完工后，即取代草山行馆成为接待政要、贵宾的避暑行馆。目前只开放两座，一座是大门口的"游客中心"（当年驻警室），另一座即开放参观的中兴宾馆（今之阳明书屋）。

蒋介石逝世后，1979年，蒋经国令党史会将办公地点及党史资料迁移至此馆，"总统府"机要室掌管的"大溪档案"也集中至地下室管理，并改名"阳明书屋"，将此处设置成一个陈列孙中山、蒋介石等名人历史文物之纪念馆。1997年党史会再将书屋的地上建筑物及管理权捐赠"内政部"转交阳明山公园经营管理，1998年正式对外开放供游

面对大门的左右两株银桂树，取"迎贵"之意，桂株已达3层楼高。

客参观。

阳明书屋主馆面积约 4000 平方米，为两层楼的中国庭园式建筑，外墙全部覆以墨绿色的漆，形成隐蔽的保护色，因此从绿色的庭园步道走进大门，仿佛又被一片深敛的绿包围，对比强烈的白色照壁及入口处的白色檐廊，反而成为最鲜艳的装饰！

长长的回廊是这栋建筑物的一大特色，在入口大门与正厅之间，长廊步道围出左右两个等面积的天井花园，入口右手处栽种着名贵的银桂及修竹，桂花是宋美龄最喜欢的花卉之一，"银桂"则有欢迎贵客临门之意，可见当初蒋氏夫妇依然怀抱着在此接待政要的愿望。而庭园中的一草一木应该也经常成为宋美龄画画写生时的"范本"吧。

顺着红色地毯步道直接穿越天井花园，一楼正厅敞开眼前，正厅摆设着清式雕花圆桌及座椅，面对大门的主墙上挂着蒋介石的肖像画，画像与实际身高相等，身披防弹大披风，双脚一前一后英挺地站立着。解说员特别说明：站在厅中任意位置、任意角度，将会发现：画像的眼神，似乎都以正视的角度注视着观看他的人，这除了显现画家的技艺非凡，也为凸显阳明书屋的主人耳目圆通的威仪吧！

正厅两侧分别设置了东、西两个接待客厅，空间均转换成现代西式风格，东客厅陈设着一座大理石壁炉及大套的米色缎面沙发，配上同色调的窗帘，显得既素雅又不失贵气，这是专为接见政要所设的厅室，但 1970 年中兴宾馆才完工启用，1971 年台湾即退出联合国，因此这里并未留下任何西方政要的足迹。但墙上却挂着一幅极富历史意义的文物——美国艾森豪威尔总统于 1960 年来此的照片。

西客厅用来接待岛内的各方人士，墙上挂的是一幅孙中山与蒋介石同在永丰舰上的史画，1922 年陈炯明叛变，孙中山受困永丰舰，蒋介石历险前往搭救，自此随侍左右护驾，因此得以成为孙之接班人。

紧临东客厅的是办公室，紧临西客厅的是宴会厅，中间摆放一张超大型的长桌，这里一样未招待过西方政要，后来成为蒋氏家族欢聚会餐之处，故墙上应景地挂着蒋家儿孙承欢膝下的照片。随从武官及医官的办公室、居室也集中在一楼，既不打扰蒋氏夫妇在二楼的作息，也便于差遣看护。

活起居间　鹣鲽情意深

二楼是蒋介石夫妇私人的生活起居处，正厅为夫妇俩用餐的餐厅，墙上挂的孙中山肖像画，也和蒋介石画像有着异曲同工之妙。墙壁四周镶嵌着喷砂玻璃，特别把宋美龄的"竹之四季风情"画喷印其上，这在当时应算是先进的玻璃工艺，之后就广为流行了。

宋美龄的画室壁炉上悬挂着在角板山行馆作画时所拍的照片，可见宋美龄是位勤快

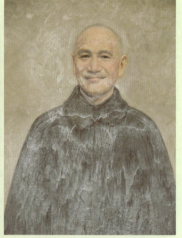

一　一楼正厅，中式装置，蒋介石画像作为主景。画像与蒋介石本人等高，约169厘米。

二　画家笔下的主人公的眼神，有注视着每一个来访者的效果。

三　紧临着东客厅的为蒋介石的办公室。蒋介石极没有安全感，办公桌一定要斜放在角落，以便能掌握进出的所有动静。这间办公室共设了 5 个门，也出于安全考虑。

宴会厅壁炉上挂着蒋氏伉俪着军服的合照，这是她成为「空军之母」的标记。1937年，宋美龄出任航空委员会秘书长，虽然次年便因健康而辞职，但这是宋美龄「最骄傲的历史」，她一直亲昵地说：「我的空军。」在台湾外交官陆以正的印象中，宋美龄在美国出席宴会时，只戴一枚空军的胸针。「也不是白金或其他什么名贵的材料，是最普通的那种」。1986年，在蒋介石百岁冥诞纪念会上，宋美龄仍佩戴着这枚徽章。

宴会厅壁炉上挂着蒋氏伉俪着军服的合照，宋美龄胸前的飞鹰勋章是她最珍爱的，

的画家，走到哪里画到哪里，且幅幅精湛生动，这也显现其高度的静定能力。

宋美龄有一个大型、现代化的更衣室，用以收纳平日穿着的各式旗袍，生活习惯西化的夫人，在穿着上却独爱中式旗袍，且一度蔚为风尚。周遭的官夫人、贵妇人多陪同她穿着旗袍出席各种宴会及活动，深获各方官员夫人的赞赏和仿效。

宋美龄的卧室内摆设的家具是她一贯采用的欧式古典风，细致的流线木框架结合缎料布面，颇符合其讲究的匀亭身段。专属的浴室，采用粉红色系，配备也选用讲究的欧式风尚，据说打造此卫浴时，有一段令人莞尔的插曲。贴身侍卫翁元回忆：

建造屋子过程中，两人还曾为了夫人卧房浴室开窗户的位置起了争执，小两口子就像你我小老百姓过小日子一般，夫妻俩吵了一架。

上 宋美龄的画桌刚好紧临着其中一片以"冬
雨"为题的喷砂画玻璃。

下 宋美龄的卧室，摆设着英式风格的典雅
家具。

夫人事先与建筑师沟通，其浴间的窗户不要对外开设，但老先生却认为夫人卧房外的景观极佳，要求工人把窗户朝外开设。有一天，夫人心情愉快前来监工，发现窗户的位置"不对"，立刻要求工人恢复蓝图上的设计。过几天，老先生发现窗户的位置不对，再斥令工头当下拆卸窗户，改装到他指定的位置，如此改了数次，工人们不敢有怨言，倒是夫人受不了，对丈夫飙出高亢的上海话："那房子侬（你）去住，阿拉（我）不住了。"之后再也没听到浙江宁波话的反对声了。

蒋介石的寝室与宋美龄的紧临，床为宽大的双人尺寸，摆设也显得较朴实，浴室颜色选用蓝色系。穿越寝室即见办公室，桌子的摆设原本斜置于角落，为配合展示，才挪移至窗前。斜放的用意一样是监视与安全的双重考虑，翁元回忆：

老先生是一个疑心病相当重的人，连我们陪他外出，外卫、中卫、内卫那么多人保护他一个人，他还是从某些小地方显现出了他的小心谨慎。

比如说，他在外地要睡觉之前，一定会检查里里外外所有的门窗，直到每一扇窗户都确信关好了，他才敢放心地入睡。通常，他也会问我们，到底门窗有没有锁好啊？我们便从命在他的房间四处探视一遍，看看门窗的确锁好以后，才敢回到各自的岗位上。

二楼也设有长长的回廊，围绕在室外，作为欣赏花园风景及眺望远方山水的阳台，解说员介绍：蒋介石常常在书房外的阳台打坐、沉思、祷告。翁元说得更详细：

他的生活习惯非常制式，生活数十年不变，早上5点多就起床、更衣、梳洗，喝的水一定要温，不吃冰、不吃辣。再来静坐祷告，早晚各40分钟，中午20分钟，再忙都不间断，而且准时得不得了，我们中国称之为调气。然后他会在书房外

上　蒋氏夫妇卧房紧临。蒋介石的寝室，
摆放着宽大的双人床，床头及橱柜均
选用中式风格，也显得较朴实。墙上
挂了数幅难得一见的生活照。

下　难得一见的蒋氏夫妇搭肩照。

的小阳台唱圣诗、对天父祷告，算是做点健身运动。再向耶稣像、母亲王太夫人像、国父遗像恭敬地脱帽致敬。他的身体一直都保养得很好，可以说无病无痛，1969 年的车祸之后，他的心脏遭受到致命创伤，那时他的身体才开始衰退。

车祸受创，加上山区的湿冷寒气，蒋介石的健康一路走下坡，即使身份显贵也摆脱不了生老病死的宿命，蒋介石用尽心思布局千秋万岁的风水，但最后是栽在难以掌控的风水之上，还是生命的自然规律之上呢？两者都令人玩味！

人去茶凉后　绿园染风寒

20 年后重游阳明书屋，才踏入正厅，一股湿霉的气味便扑鼻而来，到访之日天气刚放晴，但初春的艳阳及温度显然产生不了作用，因为书屋的位置处于丛山峻岭之间，深秋至冬季受东北季风影响，经常阴雨绵绵，夏季午后也多暴雷雨，即使偶现烈日艳阳，水气仍久久不散，无论室内外均湿气逼人，这对老人的健康是非常不利的。

据侍从人员回忆：1970 年端午节后，蒋介石夫妇从士林官邸到中兴宾馆避暑，5 月 29 日本欲下山主持动员月会，但体力不支，由秘书长张群到山上探望并做报告。第二天蒋的身体即出现恶化倾向，甚至一度出现轻度昏迷，固定的生活作息，完全被打乱。

1972 年 7 月 22 日是中兴宾馆气氛最紧张的一天，午餐时间，侍从副官发现蒋介石边吃饭边喘气，才吃一半，所吃的食物就全部吐了出来，医官搀扶至床上休息，等蒋介石下床走动时又感到胸闷，要求副官扶着上床，但已来不及，蒋又昏厥过去，24 日被送往荣民总医院急救，自此直到过世，蒋介石都不曾回到这个"最后的宾馆"。

在蒋介石的书房兼接待室参观时，我忍不住问解说员：是否换过灯光？否则室内为何如此昏暗，才下午 4 点多，户外的阳光虽然减弱了，但从一楼到二楼，几乎每个空间都享受不到阳光的温暖，温润的木质墙壁现出霉斑，波斯地毯也显得极老旧，难道自党史会撤离之后，阳明书屋便开始发霉了？房子是有生命的，没人住的空房果真容易败坏，加上蒋介石不喜欢冷气空调等设施，追求自然的山风，因此偌大无人居的空间，单体除湿器也派不上用场了。

结束室内的参观后，解说员带我们到地下室，霉味更沉重，这里有东西两条隧道可直接通往后花园，都是为了安全所做的设施，坊间甚至谣传这里的隧道能直接通往遥远的中山楼。

蒋介石定居台湾期间其实都处在备战状态，所以在入口的步道中段也预留了一个足以升降直升机的空间，从后花园穿越具隐秘性的森林公园，就能顺利搭机离开。

阳明书屋后门，左右被绿林包围，绿色的
墙漆具保护作用。

石鱼池的东侧后花园，鱼池里面的锦鲤繁衍至今，从未离开。池畔两张石凳为当年蒋氏
伉俪喂鱼的圆石凳，侧石凳位置约为中心点，从各个角度都可见到。

　　后花园草木参差蓊郁，颇有帝王庭园的气派，园中有一潭碧绿的鱼池，池中的锦鲤从主人入住时就悠游到现在，丝毫不受干扰，蒋氏伉俪经常在池畔圆石凳上闲坐观鱼，这里的一景一物，都曾经跃上宋美龄的画纸吧！

　　森林公园更是迂回幽深，美景处处，这时梅花谢了，樱花稀稀落落的，倒是高过人头的杜鹃开始抢镜头了。这片森林，还未成为中兴宾馆的腹地之前，原来是童子军的露营地，产权属于海山煤矿的李建川、李建成、李建和兄弟所有，蒋介石伉俪到草山行馆避暑，散步到这一带时发现这片林子面对淡水河、观音山，景色绝佳。当下询问随行的阳明山管理局长地主的身份，当李家兄弟得知蒋介石看上这片森林后，1963 年 10 月，便由担任"省议员"的李建和出面，将土地送给阳明山管理局。李家则在竹子湖苗圃旁，另外拨一块土地供作童子军露营营地，由"中华童子军"使用至今。

　　在台湾，反对蒋氏政权的人士，对于蒋介石来台后，由北到南征收不少土地及公家馆舍，作为其官邸及行馆的作为，是相当不以为然的。

角板山行馆、草山行馆分别遭遇祝融泄愤，连蒋介石本人的铜像也一再成为反对运动的箭靶。

实际参观过蒋氏夫妇遗留的家俬及遗物的观众，可以看到两位 20 世纪的风云人物，其宅第装潢的场景，也从中透着宋美龄的生活品位。

开放时间：周二至周日 10:00 — 16:30
地　　址：台北市阳明山中兴路 12 号
电　　话：00886-2-28611444
注意事项：需预约或等候，现场导览全票 80 元，经申请许可才能拍照。

幽默大师的艺术城堡

林语堂台北故居

左　在故居可以清晰收览观音山及士林
　　城区的美景。
右上　林语堂故居院门入口。
右下　故居全景。

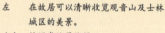

由台北市区通往阳明山的仰德大道上，坐落着不少台湾豪门的深宅大院，每一座大院都被高高的围墙保护着，经过的路人、游客皆难窥其堂奥，除非是已开放作为对外经营的餐厅或纪念馆，譬如文学大师林语堂的故居。

1966 年，林语堂由美国返台定居，特别选在仰德大道 2 段 141 号这个地址，建立他定居台湾最后的栖所，这个地点中选的原因，据说景观酷似他的福建龙溪家乡。林语堂落脚于此的时间，距离他逝世的 1976 年，仅仅 10 年。从美国回台北，在台湾寻找接近福建故土的安身地，似乎意味着洋化的大师也未能免俗，得依循中国传统"告老还乡"的仪式，落叶归根。

中西合璧的乡村别墅

高龄72岁的文学大师、幽默大师，在为自己设计这栋养老居所时，依旧流露着顽童的心思，及艺术造境的才华。他把北京天坛的蓝色琉璃瓦、四合院、竹石造景的中式建筑元素，与希腊的雪白墙垣、西班牙大师高迪的螺旋列柱、西式教堂的窗扉，全部掺和在一起，设计出这么一栋中西合璧而又特异鲜明的乡村别墅，令到访者无不莞尔，仿佛置身古今中外交错的时空。

只有当我们把各民族的精华融合在一起，过着国际化的生活时，世界文明才可能产生。我认为住在一栋全套美式暖气设备的英国别墅中，有一位日本太太，一个法国情妇和一个中国厨子，就是最理想的人生了。

　　这段话说明了林语堂对于中西文化兼容于一宇的执迷，他还写下一副对联作为座右铭：

两脚踏中西文化，一心评宇宙文章。

　　初入故居院门，映入眼帘的是一座蓝瓦白墙，方方正正的单层房舍，色彩配置犹如台湾人耳熟能详的中正纪念堂，只不过尺寸缩小了许多，外观接近希腊风格。

　　再走进纪念馆正门，第一眼就看到由白色的螺旋柱围出的一个正方形小庭院，也像个天井，以石子铺满地面，仅在一个角落辟建出一个养鱼的半椭圆形水池，水池靠墙面栽种着茂盛的绿竹和枫树，枫树越过屋顶高大参天，阳光透过枫叶、竹叶洒下闪耀的光点，

投射在水面、锦鲤身上，形成斑斓粼粼的波光，与蓝瓦白墙的情调形成强烈的中、西对比，但似乎又巧妙地被中式四合院的口字给整合了！

据说林语堂常坐在池边的大理石椅上，享受持竿观鱼的乐趣，他自述：

我要一小块园地，不要有遍铺绿草，只要有泥土，可让小孩搬砖弄瓦、浇花种菜，喂几只家禽。我要在清晨时，闻见雄鸡喔喔啼的声音。我要房宅附近有几棵参天的乔木。

高大的乔木，就环绕在房屋四周，右侧的院落及可以俯瞰山景的后院，各有一片铺满泥土的腹地，可以种花、种菜，及饲养家禽，而且林语堂自己也永远栖息在后院的墓园中，以他乡作故乡。其生前一段话，正可作为安眠于土地中的批注：

当我躺在泥土地上，接触着泥土、草皮时，我的灵魂似乎钻进了砂土，快乐地蠕动着。当一个人这么陶醉时，他就跟在天堂一样。

1895 年 10 月 10 日，林语堂出生于福建漳州市（旧称龙溪）平和县。1976 年 3 月 26 日病逝于香港，4 月移灵台北，长眠于故居的后院，享年 81 岁。

书中确有颜如玉

由走廊右边的起居室作为参观起点，先进入书房。林语堂一生著作丰硕，全部以流利的英文书写，不负其父亲的高度期望，希望他走出穷乡僻壤的小世界，开启国际宏观的大视界。《生活的艺术》是被翻译成最多语言的作品，1938 年，此书在《纽约时报》的每周畅销书排行榜上雄踞榜首长达 52 周。《生活的艺术》倡导闲适自在的生活理念，并幽默地嘲讽人生的庸碌。

林语堂著作等身，藏书量也不少，书房中两大面书墙，书香满室，深色的书柜配上高雅的黑色皮沙发，颇有德式的理性低调，不知是否复制了在德国莱比锡大学求学时的氛围？他非常重视"阅读"这个开卷有益的习惯：

没有阅读习惯的人，就时间、空间而言简直就被监禁于周遭的环境中。他的生活只限于和几个朋友接触，只看到他生活环境中发生的事情，他无法逃脱这个监狱。但当他拿起一本书，他立刻就进入了另一个世界。如果这是一本好书，那么他就等于和另一位最善于谈话的人在一起，这位善谈者引领他到另一个国家，或另一个时代，向他倾吐自己心中的不快或与他讨论一个读者从未想过的问题。一本古书会使读者感到他正与一位长眠已久的古人相对。一个人只要在一天中抽出两小时的时间，放下一切俗世的烦忧，便能踏进另一世界，神游一番。

许是从广泛的阅读中，得到无数洞察人情世故的灵感，林语堂才能在《生活的艺术》里写出这么多语带珠玑、启发性灵的篇章。另外，具有《红楼梦》情致的《京华烟云》，也是百看不厌的小说，女主角姚木兰展现出秀外慧中的气度及风范，仿如薛宝钗的化身。《吾国与吾民》书写中国的传统思想、哲学和文化艺术的特色，介绍中国社会的发展和中华民族的性格、精神，成为当代欧美人士了解中国文化的重要著作。而翻译《老子》《庄子》等思想集，著作《孔子的智慧》《苏东坡传》，也把中国重要的思想家及哲理介绍给西方社会。

林语堂在英文教育上的贡献也不容忽视，曾经编著《开明英文读本》《英文文学读本》《开明英文文法》及《当代汉英辞典》。《当代汉英辞典》作者视为一生写作生涯的登峰之作，也让他在文学大师之外，又添了语言学大师的

书房两大面书墙，书香四溢于理性低调的空间中。

书房里的书桌及打字机，书桌面向窗外的庭院，以便赏景、寻找灵感。

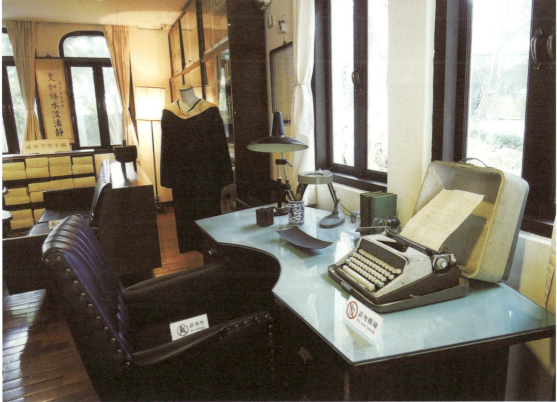

殊荣。

书房里还有一台看起来和整个环境及时代氛围有些不搭调的计算机，这台中文计算机是由神通公司制造的，其中采用的"汉通简便输入法"即参考林语堂发明的"上下形检字法"，这位聪明的语言学家还改良了"国语罗马字拼音法"，俨然又成了发明家。

以自我为中心　以闲适为格调

林语堂是追求闲适生活的一代名士，他除了重视精神的享受，也极重视身体的舒适感。其卧室紧临书房，空间不大，摆饰颇为朴素，一张单人床只能容纳一人独眠，但他却对床垫极为讲究：

我很需要一个好床垫，这么一来我就和任何人都完全平等了。世界上最大的富翁也不因有钱而睡在一个更大的床垫上，他的床最多比我的床长几寸而已。自然使我们平等，短暂的生命也使我们平等，老与死使我们平等。

林语堂从一张床垫，体悟到穷人与富人最后终归一死，完全平等，但在死前却可以因为对床垫及卧姿的讲究，让自己拥有更高尚、闲适的格调：

我认为屈腿蜷卧在床上是人生最大乐事之一。为了达到审美和心智发挥的极点，手臂的姿势也相当重要。最好的姿势不是平躺在床上，而是垫个柔软的

林语堂的单人床，铺着弹簧床垫，他对床垫的质量要求特别讲究。

此空间昔日为林夫人的卧室，现规划成展示间，摆放林家当年的客、餐厅家具。

此空间原为浴室，拆除后，与展示间合为一体。

大枕头，枕头与床约保持30度的斜角，然后枕臂而卧。在这种姿势下，任何诗人都能写出不朽的佳作，任何科学家都会有划时代的发明。

在床旁摆设一张书桌，或许也为满足自己灵感来时，可以起身做一些即时的笔记吧，林语堂留下最值得读者回味再三、莞尔一笑的文句，或许也都是在这半梦半醒的寤寐时分写出来的！

由林语堂的卧室进入另一个被规划为"客厅及餐厅展示间"的大起居室，昔时的格局并非如此，紧临男主人卧室，现放置着一套藤沙发的区域，过去是夫妇两人共享的浴室，浴室拆除后，馆方挂上珍贵的字画，展示与贵胄名士来往的记录，譬如宋美龄赠送的墨兰、比利时画家 Alard 为年轻的林语堂画的肖像画、水墨画家叶醉白致赠的祝寿画"奔马"。

另一幅书写李白的诗《下终南山过斛斯山人宿置酒》及"马"画，都是林语堂个人的墨戏，林语堂虽不专精于字画创作，但声名所及，其字画在市场上仍有雅好者收藏。

金玉良缘来自"给"与"受"

靠近后院阳台较宽大的区域，光线明亮、景致宜人，昔时为林夫人的闺房，由此可见林语堂疼惜夫人的一面，他们夫妇于 1919 年结婚，从此夫唱妇随，相濡以沫，感情弥坚，林语堂说：

怎样做个好丈夫？就是太太在喜欢的时候，你跟着她喜欢，可是太太生气的时候，你不要跟她生气。

他们即使穷得没有钱去看一场电影，也可以去图书馆借回一叠书，两人守住一盏灯相对夜读，不改其乐。林语堂认为穷并不等于"苦"，他从来没有"苦"的感觉，只有苦中作乐的回忆，才是最甜蜜的回忆。

现场展示的每张餐椅背上，均刻了一个"凤"字，即夫人廖翠凤的昵称，足证那份永志不渝的浓情蜜意。

烟斗是林语堂极重要的精神食粮之一，他还幽默地认为"烟斗"也可以缓和夫妻不合的紧张情况。

抽烟斗的人不会和太太吵架。理由很简单，他不可能一面抽烟斗，一面大

右 林语堂的印章。

左 林语堂生前使用的各种烟斗。

声咆哮。一个聪明的妻子在看到丈夫即将发脾气时，会立刻把烟斗塞在丈夫的嘴里说："算了吧！"这个方法屡试不爽。太太也许发生不了作用，但烟斗却永不失败。

1969年1月9日，在阳明山麓的这栋居所里，一对喜烛点燃，林语堂夫妇悄悄庆祝结婚50周年，林语堂认为廖翠凤属于接纳万物、造福人类的"水"，而自己则是凿穿万物的"金"。

他还写下了《老情人》这首诗：

同心相牵挂，一缕情依依。

岁月如梭逝，银丝鬓已稀。

幽冥倘异路，仙府应凄凄。

若欲开口笑，除非相见时。

有不为斋　食色为先

有不为斋是林语堂为上海的书房取的名字，在台湾定居后，书房一样叫作有不为斋，他题的这四个字，现挂在客厅及餐厅展示间内，即原来林夫人的卧室墙上。

「有不为斋」题字

而昔时林家用餐、招待客人的客餐厅，则改成对外开放的营业餐厅，并题名"有不为斋"，以吸引雅好艺文及美食的游客们。

林家次女林太乙在《林语堂传》中提到："父亲喜欢法国南部的风光。"林语堂对地中海的生活氛围，感到自在又契合，所以他以蓝、白色调设计这栋别墅；而清淡又能凸显食物原味的南法菜，也列入林语堂的食谱中。

林夫人烧得一手好菜，从厦门到美国，再到法、德，然后回到台湾。一路上，这滋味陪伴着林语堂，使其"人生的低潮在食物的甘美中获得释放"。夫人廖翠凤也与小女儿林相如，共同出版家庭食谱，林家看似朴实无华的家常菜，却是维系家庭情感的重要元素。

林语堂在世的最后 10 年，选择在台湾落脚，即因为台湾的人与食物，让跑遍大半个地球的他感受到"家乡的味道"，这味道包括台北圆环的蚵仔煎、炒米粉、白菜卤、永和猪脚，以及一碗自然清甜的竹笋鸡汤。

推开有不为斋通往阳台的木门，阳台这一方天地是林语堂生前常常流连的所在，他写道：

　　黄昏时候，工作完，饭罢，即吃西瓜，一人坐在阳台上独自乘凉，口衔烟斗，若吃烟，若不吃烟，看前山慢慢沉入夜色的朦胧里，下面天母灯光闪烁，清风徐来，若有所思，若无所思，不亦快哉！

　　阳台上仍放着几张木桌木椅，供食客、游客走出去，静静地坐下来，体会男主人所说那种"若有所思、若无所思"的惬意与自在。山下的市容在烈烈的阳光下，呈现一片迷离的阳焰影像，高大的绿树环抱四周，带来绿意盎然的一丝凉意，难怪林语堂说他的房屋周围要有高大的乔木，有树才有荫，树荫下正是林语堂的长眠乐土。

开放时间：周二至周日 9:00 — 21:00
餐厅时间：周二至周日 11:00 — 21:00
地　　址：台北市仰德大道 2 段 141 号
电　　话：00886-2-28613003
注意事项：门票 30 元，用餐可抵消门票，现场可自由拍照。

阳明山公园

  风景秀丽的阳明山，是一个拥有自然美景、硫磺温泉的大森林，不论是在阳光艳照的春夏还是阴雨霏霏的秋冬时节，前来游园、赏花、泡温泉，都别具情趣！

  但在 1949 年之前，阳明山却有个充满草莽味的名字——"草山"，变成文艺气息浓厚的阳明山是有段故事的。

据说，在清朝时期，官府怕贼寇藏匿在山林中盗取丰富的硫磺资源，时常放火烧山以逼走盗贼，但这么一来却烧掉了葱郁的森林，只留下满山遍野的芒草得以存活，因此被当地人称为"草山"。直到1949年底，蒋介石决定入住位居山中的"台湾制糖株式会社招待所"（草山行馆），并为了效法明代大儒王阳明于龙场悟道的精神，于是将草山改名阳明山。

阳明山泛指大屯山、七星山、纱帽山所围绕的山谷地区。行政区包括台北市士林、北投部分山区，以及新北市淡水、三芝、石门、金山、万里等区。日本统治时期，日本人在此广植樱花、黑松、相思树、枫香等，并开辟温泉，兴建公共温泉浴室，这里曾是日本统治者的一个享乐之处。如今，此地成了中外游客观光的著名景点。

阳明山公园海拔高度自200米至1120米范围不等，受纬度及海拔影响，气候分属亚热带及暖温带气候区，且季风型气候极为明显。

每年春季二三月是最吸引人的赏花季节，色彩缤纷的各种杜鹃与满山遍野的绯寒樱，一扫隆冬的阴霾、单调，将山区装点得艳丽动人。夏季在西南季风的吹拂下，午后偶有雷阵雨，雨过天晴时常常出现"彩虹跨立山谷"的景观。

10月起进入秋季，五节芒、白背芒形成一片随风摇曳的花海；稍晚，枫红点缀枝头，树叶片片金黄，交织成盛名远播的"大屯秋色"。冬季时因受东北季风影响，山区风寒挟带绵绵细雨，每致云雾弥漫，别具一番风景；遇强烈寒流来袭，七星山、竹子山、大

吉野樱

阳明山二子坪附近盛开的白背芒，形成「大屯秋色」。

阳明山公园内，樱花谢了，杜鹃开始抢镜头。

屯山一带偶尔可见白雪纷飞，又成一片银白世界。

春季上阳明山赏花，已成为台北人最重要的春游行程，尤其是到著名的"花钟"拍照留念，直径达 13 米的巨型花钟，钟面以绿草为底，其间栽植五彩缤纷的花卉，整点播放悦耳的音乐，为阳明山最知名的地标之一。花钟后方山坡上有一座富丽堂皇的中国传统式建筑物"辛亥光复楼"，为远眺台北盆地的好处所。公园内遍植台湾原生山樱花和多种日本樱花，以及梅花、杜鹃花、茶花、碧桃、杏花等，于花季期间交织成全台湾最具代表性的赏花节庆。

另外，继樱花季之后，白色的海芋季紧接着登场，到竹子湖赏海芋、买海芋也是市民及观光客趋之若鹜的游赏活动之一。

除了赏花的景点外，二子坪、冷水坑、小油坑、擎天岗，则以青翠的草原、多样性的原生动植物、温泉等丰富的观光资源迎接游客到访。

蒋氏夫妇的饮和堂

　　蒋介石和宋美龄算得上是一对天造地设的恩爱夫妻，虽然两人成长的背景截然不同，但宋美龄所接受的西方教育，令蒋介石在国际外交的拓展上如虎添翼，已成佳话。他们的生活作息也极不相同，一位始终维持早睡早起的军人习性，一位则是完全相反的西方风格，但两人总是相敬如宾、互相包容。唯独在饮食方面，两人的习惯与嗜好，就各有坚持，也各择所好。

蒋介石的美食主张

"上等老母鸡汤"是蒋介石生前最爱喝的汤品，当时的厨师几乎每天都会用独特的汉方药材熬煮老母鸡，细火慢炖制成鲜而不腻的汤品来满足其胃口。贴身侍卫翁元说：

老先生爱喝鸡汤，官邸每天都会煮一锅鸡汤，成为官邸饮食的基本台柱，不单拿来喝，也为其他菜调味，当蒋牙痛时，就以鸡汤来做稀饭。他仍旧十分喜爱吃黄埔蛋，甚至称之为百吃不厌的好菜，尤其是他牙痛时，这道菜更成了他饭桌上的恩物。另外，水煮笋头、酱菜、小黄瓜都是他的心爱小菜，芝麻酱则是其心爱的调味品。

由于鸡汤是蒋介石最不可少的一道美食，因此我们到访期间，食谱上也提供了两道和鸡汤有关的套餐，分别是"照烧葱油鸡"及"花旗参乌骨鸡盅"。但花旗参这味养生品，其实是宋美龄的健康配方。根据蒋介石在大陆时的侍从居亦侨记述：

宋美龄早年在南京和上海生活期间，有一个饮食习惯，那就是喜欢喝牛奶和参汤。那时她相信多吸收蛋白质是长寿的秘诀，所以喜欢喝牛奶，也会吃肉类。她又以为人参汤喝得愈多，对体质健康愈加有益。

蒋介石也听从医生和夫人的建议，养成吃木瓜的习惯，木瓜对于其困扰多年的胃病有疗效，因此将木瓜纳入早餐，其早餐食谱是固定的，随从称为"早餐三味"，分别是炒蛋、木瓜和酱瓜。

提到酱瓜，不得不提及其元配夫人毛福梅。蒋之侍从副官居亦侨，在其回忆录中也详载了蒋喜爱家乡口味，以及毛福梅的贤德。

当蒋介石在南京主政时期，毛福梅知道蒋爱吃家乡菜，每年都会定期做好一些家乡菜，托人送到他的南京官邸。例如，蚶子、牡蛎，还有文蛤、风干鳗鱼等，这都是南京市面买不到的海鲜。蒋还喜爱吃鸡汁芋头、雪里红肉丝汤和大汤黄鱼这些家乡菜。毛福梅便把家乡溪口盛产入口即化的芋头，定期送到南京官邸，再由厨子加入上鸡汁炮制成鸡汁芋头满足蒋之脾胃。

毛福梅精心料理的佳肴，款款都是蒋介石餐桌上不可缺少的家乡风味。因此，当时有人便调侃说"纵有珍肴供满眼，每餐味需却酸咸"，以此来揶揄宋美龄纵然风华绝代，但在照顾丈夫的胃口上实不如遭到冷落遗弃的毛福梅。

宋美龄的美食主张

受西方文化熏陶的宋美龄，喜欢吃西餐是毋庸置疑的，居亦侨记载：

宋美龄爱吃西餐西点，早晨是酸奶和牛奶、烤鸡、猪排、白脱（牛油）面包、色拉之类。

另外，生菜色拉也是宋美龄爱吃的食物，蒋每见到夫人吃生菜沙律（拉），就跟她开玩笑："你真是前世羊投胎的，怎么这么爱吃草呢？"这时夫人就会还以颜色："你把盐笋蘸上黑黑的芝麻酱又有什么好吃的呢？"据说这不过是彼此调侃，两人从来不会勉强对方，彼此各安其味。

根据南京和重庆时期跟在宋美龄身边的医官回忆：

夫人对于生吃蔬菜非常有研究，认为蔬菜大多在加温过程中遭到破坏，营养价值受损，所以还是适宜生吃。她尤爱吃菠菜，这不单含有丰富的蛋白质，还包含多种维生素和矿物质。夫人也爱吃芹菜，她当时睡得并不好，所以听了医生意见吃西芹，以防止血管硬化，并改善她所患的神经衰弱症，有一段时间，几乎每餐饭都要求厨师为她特别炒一碟西芹肉丝。

宋美龄平常吃的是西餐，因此牛扒、猪扒、鸡等，是她平时食用的肉类，这习惯一直维持着不曾改变，只是她十分节制，为了控制身段不发胖。

宋美龄是不吃海鲜的，多数的鱼虾蟹均敬而远之，这不是口味的问题，而是怕引发皮肤过敏症。不过晚年到美国纽约生活以后，情况似乎有所改善。

1963年起，宋美龄出现便秘症状。在医生的劝告下，每天服用一碗燕麦粥。燕麦含水溶性食用纤维，对于肠的蠕动有很大帮助，所以医生建议她以燕麦粥来取代她常喝的牛奶。

后来，宋美龄又发现燕麦粥可以降低体内的胆固醇。她认为自己之所以长寿，与长期以来饮用燕麦粥的习惯有着直接关系。她也喜欢吃水果，更多是出于美容和养颜的考虑，而非口味的问题。她分得很清楚，哪一类水果对于养颜有益。

在饮和堂除了可以吃到前述部分的美食之外，据说下午茶时有一道"美龄热巧克力"，是宋美龄自幼就非常喜欢的饮品。行馆里提供的巧克力粉是特地由意大利进口的，饮用方式宜以汤匙一口一口品尝，味道浓稠香醇，有点像热可可。下回真该找个时间再前去品尝看看。

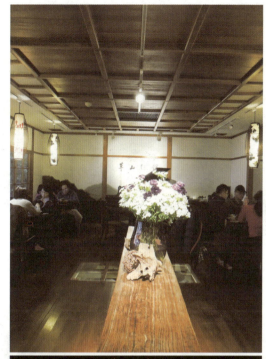

上　饮和堂的陈设及气氛，很容易让燥热的心静下来。
下　饮和堂菜谱。

林语堂的有不为斋

　　踏入林语堂故居院内，迎面一排落地窗内的厅室即有不为斋，这是昔时林家用餐、招待客人的客餐厅，现改成对外开放的营业餐厅。

　　应营业需求，原先摆放在这里的餐桌及藤沙发，全部移到前面介绍的展示间，这里重新摆设与深色窗扉相同基调的木制桌椅，并在墙上张裱着林氏伉俪喝茶闲话的大型输出照片。透过好客的夫妻俩在照片中流露的愉悦心情，继续接待来自各地的仰慕者。

在林语堂故居开设餐厅，自然得推出男主人最喜欢的几道美食，如德式猪脚、无锡排骨、菠菜奶酪手烤鸡等，无法确定做法及口味是否忠于林语堂在世的原汁原味，前来采访时特别点了猪脚及烤鸡品尝，均做得极为可口，搭配的汤、色拉、果冻甜点也都在一般水平之上。连为孩子设计的儿童餐，也让挑食的小女儿赞不绝口，一扫而光。

这位美食主义者留下关于吃的名言，就是墙上照片里的两句话：

屈指算算生活中真正令人快乐的事物时，一个聪明人将会发现"食"是第一样。

左页大图 有不为斋的外观景致。

左页小图 室内摆放有林氏夫妇的大型输出照片，仿佛在欢迎用餐的访客。

焗烤类儿童餐

德式猪脚

菠菜奶酪手烤鸡

○二

士林兴文艺

盛开不谢的玫瑰园 —— 宋美龄的士林官邸

艺术大师的摩耶精舍 —— 张大千台北故居

国学大师的素书楼 —— 钱穆台北故居

盛开不谢的玫瑰园

宋美龄的士林官邸

在台北，一般人提到"赏花"这个赏心悦目的活动时，首先想到赶集赴会的景点不外乎阳明山公园，因此每逢樱花、杜鹃盛开的花季期间，前往阳明山的路径总是车满为患、人潮杂沓，反而扰乱了悠游花林的兴味！

其实，位于阳明山脚下，已对外开放参观的士林官邸，也坐拥大面积的园林景观，且遍植四季轮替开放的锦绣花卉，包括珍稀的水生植物"萍蓬草"。而宋美龄最钟爱的玫瑰花，更是在特别辟设的玫瑰园内，不分春、夏、秋，绽放着美不胜收的娇颜，士林官邸犹如一座睡美人初醒的童话城堡，重重的围篱已经卸除，内中的名花异草，正等待来自世界各地的游客前去一亲芳泽。

1975 年 9 月，宋美龄初次赴美就医休养，官邸渐呈人去楼空的萧瑟景象，但为尊重宋庆龄，一直维持原貌，秘不对外。直至 1991 年 9 月宋美龄赴美长期休养，加上民主浪潮风起云涌，1996 年正馆以外的园区景点开放，包括玫瑰园、中西两式庭园、凯歌堂、新兰亭等，现都已成为民众最常游览的景点。

同年 8 月，正馆也开放参观，民众及游客可以进一步参观蒋介石与宋美龄日常生活起居的面貌，相较于捧读史册、翻阅档案照片，更能勾勒出蒋氏夫妇的官邸生活记事。

玫瑰与梅花　王后与权杖

士林官邸背倚福山山系，幅员广阔，原属日本统治时代"总督府园艺支所"用地，台湾光复后由"省政府农林厅农业试验所"接收，并成立"士林园艺试验分所"。国民政府迁台前夕，此处因环境清幽、山明水秀、交通便利，由当时的省主席陈诚亲自勘选为蒋介石之官邸。从 1950 年 5 月蒋介石夫妇入住，至 1975 年 4 月蒋介石病逝，两人在官邸一起度过 26 年的岁月，而后宋美龄又在此独居 10 余年之久，看尽宦海浮沉与炎凉！

1970 年，宋美龄借助这一方天地的合宜条件，在此辟建欧式风格的玫瑰园。玫瑰园的玫瑰多达 200 余种，数量达 4000 多株，每年 11 月至翌年 4 月间缤纷盛开，香气袭人。

入口不远处设了一个官邸咖啡馆，贩卖相关的文创纪念品，并供应简餐及咖啡、饮品。

据说，宋美龄尤其喜爱黑玫瑰，也曾亲自指导一对花匠夫妇开辟玫瑰花园；并特别派人远赴欧、美等盛产玫瑰花的国家和地区，带回名贵的种子培育、种植。

宋美龄认为：欧洲的玫瑰花是最纯正、最高贵的品种。至今，仍有荷兰和英国的花匠，到士林官邸玫瑰园寻求珍贵的玫瑰种苗。

有趣的是，宋美龄爱玫瑰，蒋介石爱梅花，因此欧式的玫瑰园，出现了一个相当耐人寻味的设计，在每畦玫瑰花圃靠中间步道的一端，均种上一株梅树，梅树与玫瑰相依，仿佛象征两人相互扶持、至情不渝的感情。曾任士林官邸内务组组长的应舜仁回忆：

老先生很喜欢梅花，有时候难免枯掉或虫蛀，不见了，先生就会问："这棵树怎么没有了？"……他不喜欢人家砍树，枯掉了他没话讲，砍了他就要骂人了。

1927 年 12 月 1 日，40 岁的蒋介石与 30 岁的宋美龄结婚，这场世纪婚礼，有人形容为"玫瑰与权杖的结合"。曾强烈反对两人婚姻的宋庆龄，1940 年在香港时，曾对美国记者斯诺说过一段令人玩味的话：

一开始并无爱情可言，不过我想他们现在已有了爱情，美龄真心诚意地爱蒋，蒋也真心诚意地爱她。如果没有美龄，蒋会变得更糟糕。

回顾 1936 年至 1949 年那一段惊涛骇浪的历史，不少政论学者认为：由于宋美龄对

```
┌───┬───┐
│ 一 │ 二 │
├───┼───┤
│ 三 │ 四 │
└───┴───┘
```

一、二　不同的玫瑰品种。

三　欧式玫瑰园，远处的白色房舍是育种的花房。

四　3月玫瑰盛开的景象，左手边的梅花当尚未凋谢，每一畦玫瑰花圃终端，均种上梅树，玫、梅相映，是士林官邸特有的奇观！

美国的熟悉与了解，及其在国际社会的周旋交际，蒋介石才得以获邀参加 1943 年有罗斯福、丘吉尔两位世界领袖参加的开罗会议，但与宋美龄私交甚笃的陈纳德将军遗孀陈香梅却持相反的看法：

宋美龄凭借丈夫的地位，更大程度地发挥了才华，所以说他俩是互相依靠、一半一半吧。

陈香梅的一番话，不正体现在玫瑰园里，玫瑰与梅花卿卿依偎、相互辉映的绮丽配置吗？

中式亭苑　西式毡堂

长期以来，士林官邸、园艺管理所及附近地区，均严禁各种增建或改建的工程，因此得以维持自然的山景风貌，漫步园区，经常可见成群的彩蝶飞舞花丛，松鼠穿梭林间，鱼、龟戏水池中……随时都有意外的惊喜。

位于官邸主馆对面的中式庭园又称"内花园"，1966 年因蒋介石 80 岁诞辰所造，其中有曲折的小桥流水、假山、奇石及一座红色的中式凉亭，区内种植各种果树及扶桑。相对的"外花园"则为充满巴洛克风味的西式庭园，毛毡花坛内栽植着各式各样的花卉，为每年举办花卉大展的主题区。

露天音乐座，采用世界名建筑师贝聿铭惯用的不锈钢结合玻璃帷幕的工法，犹如玻璃金字塔相对于罗浮宫的巴洛克传统，一样又唐突又理所当然地成为园区内最亮眼的艺术展演殿堂。

"凯歌堂"与南京时期国民政府的礼拜堂同名，为蒋介石夫妇与党政要员做礼拜，及家属举行结婚典礼与受洗仪式之处，长期由周联华牧师主持，张学良夫妇于解除管束之后，逢周日礼拜时，经常在此现身。

"新兰亭"，又名"寿亭"，是每年为蒋介石贺寿之处，并常态性举办兰花展，亭旁立有纪念碑，碑额"新兰亭记"4 字为书法大师于右任所题， 1950 年 10 月，邀请全台百余位诗人就"仰瞻剑潭与阳明之郁苍、平眺淡水河之澹瀁"，在此饮觞赋诗，堪与1700 年前王羲之《兰亭集序》遥相辉映。

2000 年正式对外开放的生态园，在官邸时代是种菜莳蔬的园圃，主要供应官邸新鲜无污染的蔬菜，如今已成为一座以生态工法营造自然栖地的湿地园区，濒临绝种的台湾原生植物"萍蓬草"竟在此复育成功，并蔚为另一番清新又壮丽的"萍塘"风情，人文的与自然的生态趣味竟能在台北都会共荣兴茂！

权力核心　政要交会

士林官邸不仅是蒋介石夫妇的住所，更是当年政治权力运作的中心，无论是政治军事的决策，还是接待政要名流，几乎都在官邸进行。包括接待美国总统艾森豪威尔、副总统尼克松、朝鲜战争"联合国军"总司令麦克阿瑟、日本首相岸信介、泰国国王普密蓬等数十位知名人士。因此，安全防护工作可说是滴水不漏。尤其蒋介石曾历经西安事变，

上　中式内花园，古典秀丽，十足的"皇家"御花园。

下　喷水池背后为园艺试验所。

新兰亭，每年为蒋介石贺寿之处，并常态性举办兰花展，亭旁立有纪念碑，碑额「新兰亭记」4个字为书法大师于右任所题。

更特别注意安全措施。

官邸对外开放之前，入口处一直由竹林及杂木阻绝、遮蔽，仅由中开辟一条小路，令外人难窥其概貌。1998 年才开辟大门、广场，以应运开放后络绎不绝的游客。官邸正馆同"阳明书屋"采墨绿的保护色，与周遭环境融和一片，避免暴露成为空袭目标，包括蒋介石夫妇做礼拜的凯歌堂，也有 4 张椅背装设了防弹钢板。

此外，士林官邸确实有一条秘密通道，直接通往军事重地衡山指挥所。

户外庭园景观开放一段时间后，官邸正馆依然令民众欲窥堂奥，2011 年 1 月，正馆一楼正式开放，次年再开放二楼，固守长达 60 年的神秘城堡终于敞开大门。

一楼穿堂及大厅为较华丽的清式风格，尤其是大厅内的座椅及屏风，不但雕饰繁复精美，并镶上贝壳拼贴图饰，十足展现古董家具的工艺特色；另一区，大胆采用中国缎面红做沙发椅套，也呈现出古典与现代兼容一味，高尚出色的格调，犹如女主人风华绝代的气质。

蒋介石夫妇的官邸生活，除了读书作画，在各式庭园散步赏花之外，最大的乐趣便是在一楼小客厅看电影，一楼小客厅左侧，平日挂着溥心畲的山水画，拿下画作，便成为小型的电影院。但两人对电影的喜好各有不同，蒋介石偏爱忠孝节义的历史故事，因

玻璃帷幕的露天音乐台

庄严典雅的凯歌堂，蒋氏家族专用的教堂，张学良夫妇及其他政要也常在此现身。

此多选择中国历史故事内容的影片，宋美龄年轻时在美国受教育，故喜爱外国片。但由凌波主演的《梁山伯与祝英台》，这部轰动全台的电影，却同样吸引两人的兴致，据士林官邸厨师蒋茂发回忆：

我印象最深刻的是凌波主演的《梁山伯与祝英台》，在士林官邸看，老先生看得最多遍了，前前后后看了十几次，不但夫人也看，我们也跟着一起看。

担任官邸警卫的戴位珩则表示，若蒋介石没挑到喜欢的电影，就会说"放那个"，大家就知道要播放由李丽华、严俊主演的《狸猫换太子》。

丹青传世 伉俪偕老

官邸二楼的起居室、蒋氏夫妇俩的卧室，及宋美龄的画室，也均采用典雅的欧式家具，

一楼大客厅内的清式古典家具，在暗红色地毯的衬托下，更显华贵。

一楼大客厅内的红色缎面沙发，展现雍容的古典质感，品位十足。

与阳明书屋的摆设接近。

　　宋美龄是一位丹青高手，自小喜爱绘画的她，天赋极高。早在抗日战争期间，曾在重庆师从张大千习画，蒋家一直珍藏着当时师徒合作的山水画。

　　到台湾之后，宋美龄最喜欢的消遣仍是绘画，于是特聘黄君璧与郑曼青两位名家作为教授。二楼画室宽敞明亮、窗景怡人，于此作画正可借景、寻灵感。她也是位认真专注的学生，每每废寝忘食，画艺日益精湛，画风秀逸、润雅、灵隽，兼取几位老师之长。官邸一楼客厅及楼梯间，可以看到多幅宋美龄的画作，由蒋介石题诗，可谓琴瑟和鸣。

　　蒋介石也常把宋美龄的作品秀给友人们欣赏。有趣的是，外界曾经认为宋美龄之画乃郑曼青代笔。为了澄清谣言，宋美龄特别请台湾有名的画家们到官邸吃饭。饭后，郑曼青提议一起作画助兴。在众目睽睽之下，宋美龄从容下笔挥毫。从此，再没有人怀疑其绘画功力。

　　宋美龄的"旗袍癖"是闻名中外的。一位来自湖北的裁缝师张瑞香，一直担任宋美龄的贴身裁缝。后又随着来到台湾，专为宋美龄制作旗袍。据官邸内务科的工作人员表示，除了过年当天休息之外，张瑞香几乎天天缝制旗袍，方便宋美龄四季更换，应酬各种场合。另外又请了一位管理服饰的女侍，为数量众多的旗袍编号成册，便于随时取用。

　　饮食方面，官邸的厨房设有中餐部及西餐部，厨师的厨艺足以媲美任何台北的名厨。蒋介石喜爱中式餐点，宋美龄偏爱西式餐点。宋美龄为维持优美的体态，对饮食格外控制，几乎每天都会用磅秤称体重，稍觉发胖，立刻禁用荤食。有趣的是，宋美龄还特别喜欢啃食鸡翅膀与鸡爪子。

　　一般而言，只要没有官方应酬，蒋氏夫妇都会在二楼的餐厅共享两人独处的时光。每天下午 4 点左右，宋美龄也必定亲自送甜点及饮料至蒋介石书房；时间允许，下午 5 点左右，则陪同蒋介石至近郊坐车散步。蒋介石生病后，宋美龄更是排除一切嗜好及交际，全心全意照料，亲侍在侧，夫妇俩的感情可说是老而弥坚。

　　蒋介石在人生的最后 3 年，多半卧病在床，寝室也移至二楼较宽大的起居室，由医疗小组全天候看护；1975 年 4 月 5 日夜里，电图监视器上的心跳突然停止，经急救无效，宣告逝世。据宋美龄座车侍卫官朱长泰回忆：

　　当医生把这些管子拿掉以后，就"哗"的一声落下大雷，这雷声可真大啊！接着大雨倾盆，当天天气本来还不错，没有下雨，但这个时候雨却很大！……原先夫人就守在先生旁边，本来她都没哭，一直积压着情绪，这时候她放声大哭。

　　从 1975 年以来，床边的时钟就停留在蒋介石逝世的时间，其临终的床铺，仍放置于原来的起居室中。

　　现今的士林官邸就如同"蒋总统"一样，成为具有高度象征性的专有名词。象征着

宋美龄作画，蒋介石一旁欣赏。

一、二　宋美龄所作灵动、润雅的花卉作品。
三　宽大雅静的画室。

一个独裁时代的结束，平民老百姓容许在官邸的林荫大道，与庭园中赏花闻香、漫步嬉游，同享夫妻之情或亲子之乐。

相传风水界有这么一说：台北市有一条"帝王"轴线，从七星山到中山楼，再接士林官邸，一路延伸到圆山饭店和"总统府"，士林官邸就位在"帝王"轴线的正中间，属于"帝王宝座"。

姑且不论上述的说法是有稽之见还是无稽之谈，故人已远，威权不再，留下来的是可观可游的官邸胜景，让人得以走近过去神圣不可侵犯的"帝王宝座"！

开放时间：周二至周日，上午 9:30 — 12:00、下午 13:30 — 17:00
地　　址：台北市士林区福林路 60 号
电　　话：00886-2-2883-6340
注意事项：室内不可拍照，购票参观

二楼小餐厅，供蒋介石夫妇私下用餐。

右页上　宋美龄的卧室，温暖雅致，靠墙的衣橱收放的皆为旗袍。

右页下　蒋介石病后，床铺即移到此处，空间宽大，便于医疗人员进出照顾。

艺术大师的摩耶精舍
张大千台北故居

过去一段时间，笔者曾经从事艺术品经纪交易，工作期间最令人玩味的经验，是不论遇到哪一位交易者或买家，每个人几乎都先探询：是否有张大千的画作可供买卖？有的收藏家甚至专门收购张大千的作品，对其他名家名画毫无兴趣，例如台湾知名的收藏家林百里。因此张大千的画，从他过世之后一直水涨船高，至今仍当红不让于艺术拍卖市场。这种现象，该也是古今第一人吧！

在中国近几年的书画市场上，张大千的画作价格也一路攀升，过去是几十万到一两百万元人民币，现在是几百万到几千万元，而且还在上涨。

究竟是什么因缘故事，造就了画家张大千一生的传奇？现在就从他的故居说起，以物应事、以景勾情，当比史传更能感受到那份精彩与生动！

昔日鹿园换猿庭　摩耶精舍出佛典

伫立在至善路 2 段 342 巷 2 号的纪念馆前，我一边准备拍摄眼前的天蓝色大门，一

纪念馆原名「摩耶精舍」，此四字由台湾书法名家台静农所题，字体苍劲有力，犹似张大千的书风。

边询问导览员,大门为何漆成天蓝色?导览员表示大家也猜测纷纷,不知真正的用意,"避免大红色的高调醒目"是较为人接受的"推测",听这么解释,我不禁笑着回应:

我反而觉得天蓝色比大红色更高调,其一是更亮眼醒目、独树一格;其二以大师的性格、作风判断,岂有避高调之理?其三是否为了彰显其发明的"蓝色泼彩"?

两位陪同人员听我这么推论也感到有趣、有理。在跨入大门那一刻,又不禁佩服张大千的用心:仅仅一堵"泼"上天蓝彩漆的大门,就足以引起研究者的高度兴趣了!

艺术史家誉为"黄金时代"的宋元时期山水画,技法直接采撷树木枝叶的形态,及山岩石头的纹理,而发展出中式的写实主义。这种画风历数百年,无人能做大胆的突破,其间偶尔出现风格"写意"的绘画作品,但也不如西方艺坛,代代大破大立,不断开创崭新的理论及技艺。

被当代艺术史学者傅申誉为"血战古人"的张大千,对于中国山水画最大的"破与立",就是他运用石青、石绿两种色彩,大胆豪迈又神乎其技的挥洒出风格崭新的"大泼墨(彩)"。晚近的研究学者李国安在《大千世界看大千》一文中,推论出张大千发明泼墨(彩)技法的轨迹:

青绿大泼墨(彩)的形成,可以从他临摹古代大师的作品进行追索,譬如王洽和米芾等以墨染见长的画家,以及敦煌壁画设色敷彩的装饰效果,都可能对他造成或多或少的影响和濡染。

再根据长期研究张大千绘画的学者巴东的观察:1953年张大千旅居巴西圣保罗、周游欧美各地期间,正好亲逢了"抽象表现主义"及"行动绘画"的创作形式,这些新兴画派的画家,将颜料自由地泼洒在画纸上,让水分和颜料随机混合后,自动地流淌、荫染、沈渍,造成即兴的视觉效果,和张大千的泼墨(彩)技法,似有异曲同工之妙,且在发展的时程上也极为符合。

张大千首次在法国巴黎的"东方美术馆"举办画展时,能够获得世界级艺术大师毕加索的礼遇及称赞,也和其泼墨、泼彩技法的发明有关。在毕加索眼中,张大千超凡的技艺,已将中国绘画的成就推向另一波高潮。

进入院内,小小的前庭挤着一方水池及葱郁的草木,潺潺的流泉,只听得到声音,3株巨大的枯木挡在前方,也挡住了客厅落地窗前的水塘风光。呈三角形的庭院,完全不见大千的气派,"枯木挡流泉"显然是着眼于"水不外流"的风水考虑,但在巴西拥有近百公顷庭园豪宅的大画家,晚年何以甘心屈居在这个空间偏小的土地上呢?

导览人员解说,当年张大千到此寻地建屋时,这个聚集着政商名流的巷弄,还是一

一　纪念馆前庭，面积不大，呈三角形，左边是引自后院双溪水源的水塘。
二　水塘里的游鱼，从画家在世时悠游至今，故只只硕大肥美，属鱼族中的长青辈。
三　位于小客厅二楼的大猿笼，猿已被送走，依稀可见的影像为拟真的蜡像。
四　画室中，张大千作画、黑猿陪伴一旁的蜡像，画的是最具代表性的蓝色大泼彩。

片乡野荒地，而故居所在的位置则是个养鹿的鹿园，实在不吸引人多作流连。就在大师决定放弃离开之际，鹿园主人突然说："后院有株梅花"。最后，大师竟是被这株梅花吸引而买下此地，并斥资设计兴建成养老栖止的归所。

我首次听闻故居的前身是个鹿园，细细咀嚼，再稍加延引附会后，更加觉得趣味盎然。因张大千将这个居所取名为"摩耶精舍"，自号"大千居士"，因缘全来自佛典。一度入寺为僧的他，莫非也认为"鹿园"犹如"鹿野苑"，致决定皈依终老于此？

鹿野苑位于印度北方。释迦牟尼在"菩提迦耶"开悟成佛后，首先来到鹿野苑传法，他找到了曾经跟随的5位侍者，为他们讲说 "四圣谛法"①。这5位侍者证悟后，随即出家成为 "五比丘"，佛教的 "佛法僧三宝" 圆满成形。释迦牟尼佛便在鹿野苑的 "牟拉甘陀库底精舍" 建立僧团，僧人们学成后远赴各地传法，佛教因此传播开来，鹿野苑也成为佛教的四大圣地之一。

而 "摩耶精舍" 的 "摩耶" 也来自佛典。佛陀的母亲为摩诃摩耶夫人，她于45岁时梦见有一小男孩骑着圣洁的白象，从左胁进入其腹中，不久释迦牟尼诞生。"三千大千世界"② 为之震动，故佛经引申摩耶夫人的腹中有 "三千大千世界"，也表示佛法广被 "三千大千世界" 之意。

熟悉佛学经典的张大千，应该相当清楚关于鹿野苑与佛陀诞生的历史故事，我是否推证出 "摩耶精舍" 名称的真正缘由？！ 不论是或不是，都令人在敲打键盘、俯仰赶稿时感到无限的自得与快意！

摩耶精舍二楼白墙上一道鲜明的滕黄色，也明显呼应了中国佛寺的典型色系，这也可能和张居士在寺院里受到的熏习有关。

张大千本名张正权，1899年出生于四川内江，据说出生前一天，他的母亲梦见一位和尚，把一只小黑猿放在铜盘中交到自己手上，因此在父母眼里，张正权就是小黑猿的转世，受到出生梦境的影响，张正权对于猿这种动物也特别喜爱，除了为自己取名 "爰"、"季爰"，也把猿当作宠物豢养着。

摩耶精舍的猿笼，设于小客厅的屋顶上，由花木扶疏的中庭仰望，黑猿的身影（蜡像）依稀可见。其实主人仙逝后，邻居抗议猿过于吵闹，已送往动物园饲养，但张大千与猿互为友伴、朝夕相处的画面则永久留在纪念馆的画室内，张大千作画、黑猿陪伴一旁的蜡像，栩栩如生。《西游记》中的孙悟空陪着唐三藏千里迢迢往西域取经；张爰也风尘仆仆赴敦煌临摹佛龛壁画，以数百幅 "高仿画" 转载了佛教流行中土、蔚为主流宗教的史迹。

处处为家处处家　起楼造园扬文化

走进一楼玄关，小小的空间摆设单调，正对着大门的墙上挂了一幅由13位名家合作的《富贵长春图》，庆贺当年乔迁之喜，主人入住时已高龄80岁了。画的下方，放了一件如一座小黄山缩影的天然奇木，收藏天然成形的奇木、奇石也是画家的一项雅好。导

---

① 四圣谛即指 "苦、集、灭、道" 4个成佛的次第。
② 一个三千大千世界，是一尊佛的教化区。"三千大千" 表示整个宇宙的组成方式，是小千、中千、大千累叠计算的；而不是有三千个大千世界。另说："银河系" 是佛经所说的单位世界。一千个银河系才是佛经所说的一个小千世界。一千个小千世界为一个中千世界；一千个中千世界，为一个大千世界。一个大千世界即10亿个银河系。

览员介绍了画作之后，立即转向右边，介绍贴在电梯旁的大理石墙壁：

有的老师认为大理石花纹很像梅花树，应该是主人千挑百选的上等石材……每当看到这片石墙就让我想起全祖望的"万点梅花尽是孤臣血泪"这首诗。

近前端详，眼前的大理石花纹确有千百株梅枝交缠的趣味，但以全祖望的诗句引申，是否牵强？因为1941年，中国正陷入最艰苦的抗日战争中，全国不分男女老少概皆投入无情的战火，张大千却在此时携家带眷前往敦煌临摹壁画，抗战结束后又立刻移民国外，其热衷绘画事业的程度似乎甚于一切？！

直到在画室里，导览员特别介绍，张大千把取自故乡内江及杜甫草堂的泥土，装在置物柜上的一对白瓷瓶内，才恍然明白：退休的外省籍导览员，为何联想起全祖望的诗，因下一句正是"一抔故土还留胜国衣冠"。不过，身为艺术家的张大千应是出于思乡心切吧，晚年所写的两句诗为凭：

片帆处处忆猿啼，有田谁道不思归。

长方形大客厅，陈设雅致大方，色彩明亮，墙上挂的全是与名人的合影。

对于张大千在离开大陆之后，即展开云游四海的旅程，不像溥心畬及黄君璧①，选择定居台湾的作为，与张大千私交甚笃的前"中央社"董事长黄天才解释：

1949年是张大千人生重要的分隔点，张大千的奔波，除了想给自己找寻清静的创作空间，更重要的是他想在海外拓展事业。张大千先选择日本作为进军国际的跳板，他在日本办个展且发表他在敦煌临摹的壁画，及督印出版《大风堂名迹》等事宜。这块敲门砖果然引起轰动，巴黎东方美术馆力邀赴法展出。

四川省社会科学院研究员李永翘，如此评价张大千从故乡、故国出走后的贡献：

他集中国传统文化之大成，是一个百科全书式的人物……更为重要的一个贡献，是他在全世界宣扬中国文化，他是中国文化走向世界的第一人。

张大千一生漂泊，但对于购置的每一个居所，均十分讲究设计和陈设，不论四川"梅邨"、巴西"八德园"、美国"可以居""环荜盦"，及台北这栋"摩耶精舍"，均富园林之胜。

"摩耶精舍"位于外双溪溪水双分之处，建于1976年，1978年8月完工，占地近1800平方米，建坪近690平方米。由大师亲自设计、督造，为一双层的四合院结合中式庭园的建筑。

四合院建筑呈回字形，"回"的小口内为中庭花园，大口小口之间分隔成

① 张大千、溥心畬、黄君璧3位名画家，在台湾被称为"渡海三家"。

几个室内空间,回之外围又被前庭、侧院、后院包围,故主要的居室均开设着两大面收纳内、外园景的落地窗或半腰窗,令室内空间拥有充足的采光、流畅的通风效果。这或许是画家宁可牺牲前庭一些面积,分予中庭及后院的理由。

长方形的大客厅,开设的两大面落地窗,一面可以欣赏前庭景色,一面可以欣赏中庭花园,虽不见豪华雕琢的装潢,但也显得大方气派。想象过去多少显贵、名士曾坐在米色缎面沙发上,与主人畅谈、品茗;墙上挂的照片也全是当时政治、艺术界精英的身影,而最具代表性的,是挂在靠中庭这一面角落墙的"张大千与毕加索合照",这张照片陈述着中西两大艺术家,互相礼敬、推崇的经典历史故事。

张大千会毕加索 中西艺术高峰会

1956年4月,张大千带着50多幅作品,参加由日本《朝日新闻》主办的"张大千临摹敦煌石窟壁画展",展出时万人空巷、撼动国际艺坛。大展消息很快从东京直接传播到欧洲,展览刚结束,全部画作也立即打包运抵巴黎的"东方美术馆",并意外促成张大千与毕加索的"中西方艺术的高峰会晤"(当时法国媒体的标题)。

张大千于画展期间,突然兴起前往尼斯古堡别墅拜会毕加索的念头。脾气古怪、作风特异、不随便接见访客的毕加索,已是西方艺术界的教父,但听到张大千正带着年轻的妻子前来拜访,传闻在家从不穿上衣的他,破例穿了件条纹衬衫,及正式的长裤、皮鞋开门迎接。可见得张大千在中国的绘画实力与地位,他早有耳闻。

张氏夫妇刚进入别墅内坐定,毕加索就搬出5大本画册,请张大千品评。张大千发现里面都是模仿齐白石的花卉虫鸟之类的中国画,笔法非常稚嫩,立即猜出是毕加索的习作。毕加索如此称赞齐白石:

齐白石真是东方了不起的一位画家!齐白石的水墨画里的鱼没有水,却使人看到江河与游鱼,那墨竹与兰花更不是我能画的。

张大千看完画册后小心又婉转地赞美:

我们中国画不求形似但重写意,毕加索先生还是很得中国画的神韵精神啊。

毕加索听了竟如此回应:

我最不懂的,就是你们中国人,何以要跑到巴黎来学习艺术!不要说法国巴黎没有艺术,整个西方,白种人都没有艺术!

张大千当场愣住了,但笑容却情不自禁浮现脸庞,答道:

毕加索先生太客气了,我们中国画自然是源远流长,因为我们中国是个历史太古老的民族,但西方也盛产出非常多和非常优秀的艺术!

毕加索继续说：

谈到艺术，首先是你们中国人有艺术，其次是日本的艺术，当然，日本的艺术又是源于你们中国，第三是非洲的黑种人有艺术，除此之外，白种人根本无艺术。所以我最莫名其妙的事，就是何以有那么多的中国人、东方人要到巴黎来学艺？

张大千听毕加索对中国水墨画的高度赞扬后，自是又惊又叹又喜！随后他向毕氏解说"墨分五色"的中国绘画理论，并当场画了一幅气韵生动的双竹图，在这幅画中，特意表现出墨分五色、层次互见的技法。画完后，又将随身携带的毛笔送给毕加索，以感谢毕氏送他们夫妇的画册，及一幅《西方的牧神》。

台湾知名的艺术史学者巴东，对于这一次中西艺术大师的会晤，如此评价：

两位东西艺术大师擦撞出的火花，代表着中西艺术讯息交换与尖端智能的文化交流，纵或两人相互之直接收获有限，然而他们的对话却引发了一些深刻的中西艺术比较问题，值得深思与观察。

右 毕加索与张大千戴着面具与张夫人徐雯波合影，在西方人眼中徐雯波是"穿饰不失现代感的东方古典美人"。

左 张大千与毕加索合影，毕加索早耳闻张大千的艺术成就，故特别礼遇。张大千脚跟前的艺术品为毕加索的"立体主义"雕塑。

071

梅花寒中香　绘画勤中成

张大千的画室位于中庭与后院之间，作画区相当宽敞，目测约有近 30 平方米的面积。生动逼真的张大千蜡像，描绘了张大千端坐在特制的长画桌前执笔作画的情景。他在这张画桌上，画出此生最大的一幅巨作 "庐山图"（长 10.8 米，宽 1.8 米），这也是他生前最后的杰作。从未游历过庐山的张大千，画的是胸臆间的大山大水——"蓝彩虚掩着千仞峰峦、缥缈云雾缭绕、飞瀑生烟人家"，但动笔开画时，大师的身体、视力状况已经羸弱，常往返医院治疗，故而时画时辍，而且画面太大，须由助手抱着腰趴着画。大师年岁越长越倾注于大开尺寸的画，居住在巴西时曾经对夫人说：

要想称得上一个大画家，必须得画几幅大画（尺幅大、题材大）才能够在画坛上立足。

位于巴西的"八德园"占地近百公顷，张大千特别设计了一栋大画楼，分两层，长 20 米，宽 10 米。楼下两边是卧室，有间裱画室。有人形容那间大画室的规模犹如"体育馆"，画楼建好之后，张大千随即以泼墨加泼彩的技法，画出第一幅大泼墨《巨荷》图（长 12 米，

张大千最典型的荷画，荷与叶均呈现笔墨酣畅的韵味（局部）。

庐山图中段，原作长 10.8 米、宽 1.8 米（局部）。

左　张善子与张大千一起调教小老虎，张善子在居住过的成都、苏州网师园饲养老虎，日夜观察老虎的动态和习性，勤练虎画。

右　张善子画的「儿童与虎」（局部）。

宽 3 米），在巴西当地展出时，轰动一时。

　　限于空间面积，摩耶精舍的画室，虽没有体育馆的规模，但在地小人稠的台北也算豪奢了。置物柜内摆放着书卷，柜上一对小小的白瓷瓶，也被故乡的泥土放大了；为数众多的大小毛笔整齐地吊挂着，精心收藏的奇石、奇木，犹如画家到访过的山水缩影，成为记忆的雕塑。

　　置身世界级大师的画室中，其学画的传奇过程，一一从查阅的资料中浮现眼前：

　　张正权于 1899 年 5 月诞生于四川沱江沿岸的内江县城。内江富产甘蔗林，有"甜城"之称，但家乡的富庶并没有荫及张家，童年的张正权是在极艰困的环境中度过的。①

　　张正权在家排名第八（老幺），贫困和疾病夺走了几位兄姐的生命。幸运的是，幸存的二哥、四哥都自学有成。于是，中秀才的四哥张文修，亲自教 6 岁的幺弟读书写字，令其熟背《千家诗》《唐诗三百首》等读物。及长，又授以四书五经、《左传》《史记》等典籍。张文修还要求他练字，严格规定每天必须临写 5 篇楷书字帖，奠定了张正权的书法根基。

　　母亲曾友贞未出嫁前，是一位擅长画织绣花样的巧手。嫁到张家以后，为了家计，四处揽活，专事描绘帐帘、枕头、棉被、鞋样等图案，她笔下

① 有资料说张大千出生于盐商巨贾之家，但查资料，内江产甘蔗并不产盐，故采用另一种"出身贫困"的说法。

的花鸟虫鱼栩栩如生，因此闯出"张画花"的名气。名气越响，工作量就越多，张家的大姐、二哥，陆续跟着学画成为帮手。张正权9岁时，也得收拾玩心分担劳务，这对本具绘画天分的张正权来说并非苦差事，只是失去玩要的自由罢了。

二哥张正兰（善子），遗传母亲的绘画天分，技艺日渐成熟精进，至母亲无法再教导后，便向一位民间画家学习水墨画的基本技法和知识，经10年苦练，山水、人物、花鸟乃至走兽无所不能，无所不工，尤善画虎，后以"张善子画虎"闻名中外艺坛。

张正兰比张正权大了近17岁，特别疼爱幼弟，常指导幼弟画人物、禽兽，及如何用笔、用墨、用色等基础的水墨技法。张正权10岁时，常常到城隍庙的书摊上，买一些有绣像的《三国演义》《水浒传》《封神榜》等小说读本，他不仅着迷于故事内容，书中的人物绣像更令他爱不释手，几至废寝忘食。当时的张正权已懂得用薄纸临摹绣像的轮廓，临完了就对照着描画细节、敷彩，这个自小学会的摹绘技巧，日后正好发挥在临摹壁画上。

1911年9月，满12岁的张正权终于有机会上学了，他先后就读于内江天主教福音学校、重庆地区的中学。1916年暑假，返乡途中竟遭土匪绑架，同学们一一被家人赎回，只有张家筹不出赎金，张正权只好滞留匪窝，并因能写能画，被迫当"军师"，这段时间日夜研究一本抢回的《诗学含英》，意外打下诗学的根底，100天后，家人才将他辗转救出。

逃离匪帮的张正权胆子大了不少，不久随二哥前往日本京都艺术专门学校学习织染。在日本接触了"浮世绘"这门艺术，从中学习线条和色彩的表现方法，并做大量的写生练习，离开日本前，他举办生平首次的画展，作品《峻山高士》被推崇为名家之作，初试啼声的小画家，向世界艺术的大展台跨出了成功的第一步。

留日3年期间，尽管已精通日语，也有流利的英文能力，但为了维护中国文化的尊严，张正权始终穿着中式的长袍大卦、讲四川家乡话，后半生走遍世界各地，也不改此作风。

仿古画之奇才　五百年一大师

1919年，张善子引荐留日归国的张正权前往上海，拜曾熙、李瑞清为师，进一步学习中国书画，再推介弟弟结识其他书画界前辈，对于张正权日后得以脱颖而出，有重要的影响。成名后的张大千常常感念兄长对他的提携：

我之所以能画，是要感谢家兄善子先生的教导。

张家两兄弟很快在上海展开职业画家的生涯。由于张善子特别推崇汉高祖刘邦所写

右 《张大千之〈匡庐观瀑〉》（局部），作于1932年，时年33岁，笔墨不离石涛之法。

左 《拟唐人秋郊揽辔图》（局部），张大千于1950年客居印度大吉岭时的作品，模仿唐人笔法。

的《大风歌》[1]、张大千景仰明末清初画家张大风[2]的画，两兄弟不谋而合，共享"大风堂"作为斋号、画室名称，随之开堂收徒、传道授艺，开创了大风堂画派。

受业师曾熙影响，早年的张大千以师法古人为业，如石涛、唐寅、陈淳、徐渭、八大山人、弘仁、髡残等名家，尤其以临摹石涛画闻名，其高仿之作与石涛真迹的气韵、笔墨、造型、构图毫无二致，以假乱真，令程霖生、黄宾虹、罗振玉等鉴定专家，屡次受骗上当。艺术史家傅申评之：

> 如果不了解石涛对张大千绘画生涯的影响，就不可能真正了解张大千。

仿作假画并非光彩之事，但张大千常常自揭真相，从不掩饰自己是个中高手，石涛、八大山人、唐寅他都信手拈来，全世界各大美术馆，不知收藏了多少张大千的伪作。除了模仿功力高超，一旦看到有古画或是有好的图章值得研究，即拍照存盘，古印资料尤其齐全，傅申曾说：

> 如果张大千生在现在，是做美术史家的……张大千的假画实际上是他研究学习古人的副产品，不是故意要做一个伪作家，他是要成就自己，他的作伪是在研究古人、学习古人而产生的游戏之作。

中年的张大千师法自然，以山川为师，数次登临黄山、峨眉、青城、雁荡等名山，遍游江南大川，利用写生消融古法。抗战期间的敦煌之旅，更是上溯晋唐，不仅研习技法，

---

① 汉高祖刘邦写的《大风歌》：大风起兮云飞扬，威加海内兮归故乡，安得猛士兮守四方？力拔山兮气盖世。
② 张大风，出生于明末，南京人，明代灭亡出家为道士，以遗民身份自居。他工诗文辞赋，精于图章篆刻，善画山水及人物，师承不明。笔墨自成一家，被称为"笔墨中之散仙"。

还分析壁画的矿物颜料,对传统绘画有更深入的理解。离开敦煌之后,张大千所用的颜料,皆天然矿物研磨而成,画纸也仿造古人用的宣纸,这也成为今日鉴定其画作是真是伪的一门学问。

1943 年 10 月,张大千雇了 20 余头骆驼,载着临摹的近 400 幅壁画,回到四川,并完成 20 万字的学术著作《敦煌石室记》。随后在重庆展出这些震撼世人的杰作,著名历史学家陈寅恪评价"虽是临摹之本,兼有创造之功"。在陈寅恪的呼吁及于右任的倡议下,"国立敦煌艺术研究所"于 1943 年成立。

2 年 7 个月的敦煌之行,张大千卖掉不少珍藏的古字画和自己的作品,另又举债 5000 两黄金,才足够支付一切开销,这笔巨债也耗费他 20 年的卖画收入,才逐步清偿。

1949 年,国民党军队节节败退,只剩四川一省,张大千托张群[1] 争取到最后一班军机上的 3 个座位。他整理好毕生的收藏,带了一妻一女登机,其余家人则留在大陆。当时,飞机上的行李已经超重,张大千又带来几箱敦煌作品。同机的"教育部长"杭立武知道这些文物的价值,权衡之下,把自己的两箱行李(内有 20 两黄金)扔下飞机,条件是必须将这些作品捐给博物院,张大千爽快答应了。直至 1969 年,张大千才兑现承诺,悉数捐给台北"故宫博物院"。

到西方发展后,受西方现代主义启发,张大千投入中西合璧的"泼墨与泼彩"创作。到了晚年,受眼疾之困,以师心的神技,结合传统工笔与创新的泼墨泼彩,再次创作出虚实交融、气象万千的巅峰之作,如 1965 年创作的《瑞士云山》、1981 年创作的《湖山高隐》,及最后一幅耗时近 3 年终未完成的《庐山图》,《庐山图》也因此成为张大千唯一一幅没有落款的作品。

得碑学浑厚之韵　现篆隶战颤之笔

画室出入口,有一个面积近 6 平方米的会客区,区内放着一套中式沙发椅,背墙上挂着四联幅遒劲的隶书,张大千虽以绘画享誉盛名,其书法也具大师的功力。而且在艺术交易过程中,鉴定其创作的真伪,除了判别画技与画风,落款的书法也是关键所在,有研究者如此评价其书法造诣:

张大千绘画作品的艺术个性,来自他的书法艺术,他的书法个性较之其绘画来讲似乎要强上几分。

张大千幼时勤于临帖习字,已打下不错的书法底子。在上海跟随曾熙、李瑞清两位

---

[1] 张群,1927 年起,先后任兵工署长,上海特别市市长、上海市市长,湖北省政府主席。1938 年起历任中国国民党中央政治会议秘书长、行政院副院长、四川省政府主席等职。到台湾后任"总统府"秘书长、资政。

名师学画时，也是先跟两位老师学字。字精而后画精，名师要求的是中国绘画美学中"书画同源"、不可偏废的讲究。成名后的张大千感念师恩，如此回忆：

> 20岁归国，居上海受业于衡阳曾夫子农髯、临川李夫子梅庵，学三代两汉金石文字，六朝三唐碑刻。另外两师作书之余间喜作画，梅师酷好八大山人，喜为花竹松石，又以篆法为佛像；髯师则好石涛，为山水松梅，每以画法通之书法……

专门研究张大千书法的学者认为：张大千在艺术上受曾熙的影响更大、更明显，早年画上的题跋极似曾熙的行书，不仅形似而且神似。中年时期，开始有了变化，并逐步形成自己的特色。

由于曾熙、李瑞清二位皆为碑学名家，均推崇魏碑质朴的风格，及富变化的书体，因此张大千对于碑学也下了一番功夫，对于临写的每一本字帖均反复练习至纯熟为止，再兼学历代名家之长处，将篆、隶、行、楷、草几种字体加以整合、消化，故能"得碑学浑厚朴质之韵，参入篆隶战颤之行笔"，创作独树一帜的"大千书体"。

诗、书、画相辅相成，是张大千对于绘画艺术的要求，他在《书画题款论》中申明了三者的重要性：

> 题画行款，最为重要，字字大小疏密，篆、隶、真、行，都要和画面相配合，至于题诗及跋，发挥画面未尽的地方，或感慨兴怀，和画相得益彰，才是名作。

张大千精彩的书法艺术，毕现于一幅《宾筵食帖》中，这幅字就挂在摩耶精舍的餐厅墙上，餐厅里摆了一张足供10位主宾入座的大圆桌，满足主人喜好美食、喜好宴客的雅兴。书法的内容其实是一份令人垂涎的食谱。

1981年元宵节次日，张大千夫妇宴请张学良夫妇、张群、秦孝仪、张继正夫妇，他自定义菜单，亲自下厨，每道菜皆是高级餐厅才吃得到的山珍海味，这些菜名以其精湛的书艺写下来，即成为脍炙人口的《宾筵食帖》。

张群对于张大千的厨艺十分推崇，曾说：

> 大千吾弟之嗜馔，苏东坡之爱酿，后先辉映。

诚如张群美赞，画家主人不但是美食家，也精于厨艺，经常下厨大显身手。居住于此的5年间，他与挚友张群、张学良、王新衡①，组成"转转会"，轮流做东、以食会友，也成为当年政治、艺术界的佳话。这个"转转会"用意也在追念抗战之前，张大千与溥心畬、齐白石等12位名画家共同组织的"艺术沙龙"，当时的沙龙每周都会举办活动，一样由会员轮流做东宴客，聚会目的在于作画赋诗，互相欣赏评论，以作为彼此在艺术上的砥

---

① 王新衡，1926年经中国国民党上海特别党部派遣，赴苏联留学，与蒋经国是同学。在台湾曾担任"立法院"外交委员会委员，后弃政从商。王新衡与蒋经国、张学良关系很深。

砺和借鉴，后因时局动荡，被迫停止。

如今，《宾筵食帖》对面墙上的时钟，永远定格在 1983 年，主人去世时的 8 点 15 分。"转转会"的老友们、"艺术沙龙"的艺术家们也已一一谢世，却在历史的册页里，及遗留的故居、文物中"复活"。

出家为僧不受戒　枕边情人成仕女

男主人的大画室旁，另设了一间较小型的会客室，为张夫人招待女宾之处，这是男主人对女主人的体贴。褪了色的橄榄绿沙发，散发出清简明快的西式风格，似乎也呼应了女主人的个性，靠墙的置物柜，放了 10 余个男主人收藏的奇石，墙上的照片，记录着张大千与宋美龄的交谊。

女主人是张大千的第四位夫人，本名徐鸿宾，后改名徐雯波，她寸步不离地陪伴张大千度过后半生，由内地到中国香港、印度大吉岭，再到巴西、美国，最后定居中国台湾，她恪尽相夫、持家的责任，也常以得体的装饰与仪态，博得西方友人的赞赏，令张大千面子十足，故知悉画家风流史的人都这么说：

张大千后半生的成就，是徐雯波一手促成的。

而在徐雯波出现以前，张大千先后经历了数段令他刻骨铭心的恋史。

张正权于 18 岁与青梅竹马的表姐谢舜华定亲，未料谢舜华在他赴日本期间病故。21 岁学成回国，第二门亲事，又因未过门的女方得了怪病取消。经历两次婚姻的挫折，加上五四运动正席卷中国，张正权顿感人世无常，兴起出家修行的念头，便到松江禅定寺

小客厅的陈设，简单、大方、明快，犹如女主人的个性。

1944年创作的《红拂女》（图为局部），取材唐代「风尘三侠」之一，一般也认为是依池春红的形象画成的。画中题跋：「偶听流莺偶结邻，偶从禅榻许相亲。偶然一忘维摩疾，散尽天花不着身」表达出张大千对池春红的眷恋之情。2013年5月在中国嘉德拍卖会上，以人民币7130万元高价售出。

出家为僧，获得当时的逸琳方丈器重，赐予"大千"法名，"张大千"名号由此而来。

不久，削了发、还未受戒的大千法师，又慕名前往宁波观宗寺，求见当时佛教界声望最高的谛闲方丈，老少两僧谈经论道，颇为投机。等到老方丈准备为他举行受戒礼时，不愿受戒的大千法师，于"烧戒"前一日悄悄辞别。

离开观宗寺，大千法师并没有还俗的念头，再到杭州灵隐寺住了近两个月。后来听从朋友劝告前往上海，方知是二哥设的圈套，欲押他回老家成亲，大千法师出家正好100天。

回到内江，张大千被迫与母亲的侄女曾正蓉结婚，曾正蓉温顺和善，持家有道，为典型的传统女性。但她与丈夫话不投机，感情冷淡，晚年时，曾抱怨自己是"感情上被遗弃的人"。

由于曾正蓉一直未生育，1922年春天，张大千又娶了二夫人黄凝素。黄凝素也是内江人，面容姣好、精明干练，且略懂画艺。嫁入张家时才15岁，比丈夫小8岁。她先后生了8个子女。黄凝素入门数年后，曾正蓉终于怀了唯一的女儿张心庆。

1927年，29岁的张大千应日本古董商之邀到朝鲜金刚山游历，竟与照顾其生活起居的15岁"伎生"（艺伎）私订终身，张大千为她取名池春红，并寄了两人的合照，试探家人是否同意他在异域纳妾，母亲及两位夫人均悍然拒绝。

一年后，张大千每年赴朝鲜私会这位能歌善舞、善解人意的"红拂女""天女"，鹊桥会持续了10年之久，直至抗日战争爆发才中断。抗战胜利，张大千得知池春红遭到日兵非礼、杀害，悲痛万分，立即写了一纸碑文，托友人带往韩国，为池春红修坟立碑。

池春红的形象屡次出现在张大千的画中，如《清商怨》《红拂女》和《美人双蝶图》等。尤其是1935年绘制的《天女散花》，画上的跋文明显表达对池春红的眷恋。据说当

右
这幅《琐窗词意图》（图为局部）画于1940年，张大千以工笔重彩描绘仕女身穿素衣坐在妆奁前沉思，美人侧身而坐，微微低头，面部表情淡泊，气质娴静，头饰较为华丽，身侧的织物色彩艳丽，衬托出美人清新高雅的气质。一般都认为画中人物正是以杨宛君作为模特儿。

左
此画是早期以「三白开脸」的仕女画之代表作。京剧名伶梅兰芳曾请教张大千如何画美人，张大千回答：「你自己就是一个最标准的美人，你只要把戏台上各种样子画下来就行了，不用再参照别的样子了。」张大千认为戏剧中，女子的妆容最美，因此他也采取这种「三白画法」，将额头、鼻子和下巴处留白，并以红润的脸颊陪衬，使得脸孔的轮廓线条分明，从而形成一大特色。

年他从日本占领下的北平逃往四川，这件《天女散花》一直贴身不离。

眼中恨少奇男子　腕底偏多美妇人

1934年，张大千已名闻遐迩，他与二哥张善子到北平小住，其间常去颐和园"听鹂馆"吟诗作画，与一位年轻靓女李怀玉不期而遇。张大千以李怀玉为模特儿，画成多幅古装仕女或时装美人，画仕女的技艺于此时进展神速。

作画者与被画者近水楼台、情投意合。画家又有了纳妾的念头，但被张善子训斥了一顿，风流的张大千只能浇灭心中的贪恋之火。

李怀玉的俪影则永留在《柳荫仕女》图中，此画是张大千早期仕女画的代表作。画风清新雅丽、笔墨秀润灵活，以传统戏剧的"三白"开脸，细目小口，体态轻盈婀娜。发髻笔法细致，衣纹行云流畅，深受明代画家唐寅（唐伯虎）的影响，此画也可看出模特儿清新秀丽、气质脱俗的形貌。

"眼中恨少奇男子，腕底偏多美妇人"，这是张大千对自己为何特别喜爱美女的解释。他画仕女，几乎都有一位美女作为取材的原型，且多半穿着古装，以彩带、水袖表现流畅的线条美，他认为时装表现不出飘逸的美感。这一点和毕加索非常不同，毕加索笔下的美女，全被他的立体主义解构得不成人形。

名画家于照（别署非闇）曾说：

他对于女性观察得很精密，能用妙女拈花的笔法，传达出女儿的心声，这一点是他的艺术微妙，也是他在女性身上曾下了一番功夫的收获。

李怀玉之后，1935 年夏天，张大千在北京中山公园举办个人画展时，与才貌双全的杨宛君邂逅，她是北平的曲艺演员，主奏京韵大鼓。在风流画家眼中，她美如唐伯虎画中的仕女，尤其一双凝脂如玉的手。

张大千的夫人、情人都有一双漂亮的手，杨宛君的玉手尤胜。张大千也画了不少以杨宛君为模特儿的仕女图。幸运的是，她顺利成为张的第三任夫人，当时张 36 岁，杨 19 岁。婚后，两人游历名山大川，跋山涉水。七七事变发生，再由上海逃到香港，再取道柳州、梧州、重庆，回到成都，隐居青城山。

战乱中避居青城山，张大千与杨宛君意外度过一段神仙眷侣的生活，据杨宛君回忆：

他们一起登高远眺，观看东升的旭日、隐约显现的峨眉、万顷的川西平原、东去的岷江，大千先生常常被迷得不住喊美……在青城山的一年，他作画近千幅，实可盈箱累篋。从青城山下来，他们又赴黄山，大千带着她攀到巍峨挺拔的高山，追逐飘浮在胸前的白云；在嘉陵江上，他们把两岸的风光尽收眼底。张大千的血管里流着中国人的血，他的艺术视野里布满了祖国的大地和山水。

游遍大山大水之后，画家的目光开始转向河西走廊。1940 年 10 月，张大千带着杨宛君、儿子心智，跋山涉水抵达敦煌，如苦行僧般临摹壁画。后来接到二哥病逝的消息，中途赶回重庆治丧。1941 年 3 月，再筹措资金，携几位藏僧画师[①]从兰州出发，第二次抵达莫高窟。敦煌地处大漠，衣食难以料理，冬天滴水成冰，又常遇兵匪骚扰。且洞内光线昏暗，画家得一手秉烛或提灯、一手拿笔，往往需反复观看多次才能画上一两笔。这种非凡的毅力，完全仰赖其对绘画事业的炽烈热情；但陪伴的夫人却度日如年，几乎病倒。

1943 年从敦煌回四川后，张、杨两人忙着应酬，出双入对、如胶似漆。二夫人黄凝素渐感失落，更加沉迷于牌局，直至红杏出墙。接着，徐雯波的出现，与年长 30 岁的张大千发展出恋情，张家又陷入另一场震动。

徐雯波是成都人，原是张大千大女儿的同学，常到张家去看"伯父"作画，心动之余，一直想拜师，但却一再被拒，据张大千后来解释：

我收门生的规矩十分严格，定了师生名分就不能涉及其他，我没有收她作学生，倒乐意她做我贤惠的太太。我太太有时候想起来了，还时常翻出老话来埋怨我，说我看不起人，不收她这个门生。其实呀，实在是因为我太看得起她了，才不收她作门生的！

---

① 张大千特地雇了塔尔寺的 5 个喇嘛，这些喇嘛掌握一种缝制画布的特殊技艺。敦煌千佛洞的壁画高数丈，张大千带去的纸根本不够长。缝布会有针眼，画布缝紧后针孔更明显，但塔尔寺的喇嘛却能缝得天衣无缝。画布缝好后，加上一层用羊毛熬成的胶和生熟石膏，干后再用光滑的鹅卵石打磨，正面反面涂上很多次，这种画布不仅光滑，下笔不涩，用墨不渗，也利于保存。

这回丈夫竟看上女儿的同学，黄凝素决定离婚，同时劝进杨宛君。但杨不信这位姿色普通的姑娘，会取代她的地位，直到珠胎暗结，孩子出世，才真相大白。而且痴情的宛君也万万没想到，最后竟不是由她继续追随夫婿到白头。1949 年，张大千带着年轻的徐雯波飞往印度，也自此一去不回。

徐雯波是位胸襟宽广的女性，1949 年 12 月预备离开成都时，丈夫只取得 3 张机票，徐当时已育有 3 岁的女儿和两岁的儿子，却毅然舍下亲生的一双儿女，把机位让给丈夫最疼爱的张心沛——黄凝素 3 岁的女儿；到日本发展时，又无私地接纳日本美女"山田喜美子"，幸好张大千发现对方动机不单纯，幡然醒悟，迅速结束这段情缘。

接下来，陪着画家丈夫闯荡世界各地，徐雯波终于从四太太的位子，争得张大千夫人的国际地位，她大方开朗、雍容自信的气度博得不少好评，尤其在会见毕加索时，也因为装扮得宜，获得毕加索赠画，为画家丈夫争得不少颜面。

独自成千古　悠然寄一丘

张大千是位热爱中国文化，并以传统文化为傲的大画家，这从他终身穿着长袍大褂行走江湖，及一律采用中式庭园建筑风格上可以看出端倪。

流水，是画家极为讲究的一项居家设计，除了前庭刻意引进流泉，生成小荷塘外；中庭的流水则如小瀑布般，源源捎来净化身心的清音及凉意。而较开敞的后院，则有天然的双溪溪水，潺潺湍流而过，大师选择长眠于此，大概也为了享受这天然的音籁，以及落梅之吻！

张大千的安栖之处"梅丘"，即位于那株吸引他买下此地的梅花树下，书写着"梅丘"二字的巨石，是张大千亲自挑选，由加州的"环荜盦"海运而来的，可见其慎重自己的

右　梅丘，位于后院的梅花树下。

左　题着「梅丘」二字的奇石，由加州的「环荜盦」海运而来，「丘」字少了一竖，为避孔丘之「丘」。

身后事。佛法有云："人之所以异于禽兽，即在于能承办自己的身后之事。"

张大千在 1949 年离开大陆时，为家人留下 260 幅敦煌临摹作品。她们后来虽然生活贫困，却一直舍不得卖掉这批画。1955 年，曾正蓉、杨宛君征得丈夫同意后，将敦煌之作全数捐赠四川博物馆。张大千在临终前立下遗嘱，把自己的财产分成 16 份，其中一份留给杨宛君。

据说当杨宛君在海峡对岸得知张大千的遗嘱内容后，不禁感慨地说道：

在大千的遗嘱里有我杨宛君 3 个字，我这 35 年就算没有白白等他，他还在想着我！

晚年的张大千其实非常想念故乡和家人，但他始终未踏上归途，画家谢稚柳认为这是艺术性格使然，与政治因素无关：

张大千不愿意回归的根源，在于他是一位参佛重禅之人，根子里喜好漫游与清静，绘画和做人一向我行我素，不愿顾及政府、朋友和家人的感受。如将此与政治因素扯到一起，完全是对其艺术人生的误读。

由梅丘旁边的阶梯往上走，右方的一座大型遮阴亭名为"考亭"，考即烤，会友烤肉之意。考亭前立一石碑，碑上有前台北"故宫博物院"院长秦孝仪题字的"大千居士乞食图"，男主人自己画的乞食图则浅浅地浮刻在上面，画家常常开玩笑说："他画画的目的只为讨一口饭吃"，可见其自我调侃的幽默感与豁达。亭中的圆形烤肉架是张学良赠送的，亭边沿墙放置的数个陶瓮用以腌制泡菜，这是四川家乡的一道美食，配上烤肉更加对味，张大千与张学良都是讲究的美食主义者。

考亭对面有两座连在一起，以原木为柱，棕榈叶做顶的凉亭，分别命名为"分寒"、

右　位于后院紧临双溪的"考亭"，据说大师在世时，烤肉香常飘传邻宅。

左　浮刻于石碑上的乞食图，"大千居士乞食图"几个字，乃前台北"故宫博物院院长"秦孝仪所题。

"翼然"，以表示正位于双溪分流之处，"分寒"亭柱上有一副对联："独自成千古、悠然寄一丘"，亭子刚建好，大师就写下这个对子，显然早有安眠于此的打算。

据说这后院本无外墙，但紧临溪流，每遇大雨，溪水常常涌至屋前，因此修筑一道矮墙用以防汛，不阻碍视野，得以坐观山色映溪光、深林藏啼鸟的天然美景，大师说："凡我眼见，皆我所有。"

在后花园的营造上，张大千顺任自然，只稍加修整而已，犹如他创作泼墨、泼彩画的技法。原本高低起伏的地面，不予整平，而是顺势于其上开辟蜿蜒小径；天然的草木也令其自由生长，只栽植一些珍奇花木画龙点睛；水塘则利用原有的石坑，凿沟渠引山泉注入。大师的母亲曾嘱咐"不要抬头望月"，大师遂借水塘中的月影来赏月，故取名影娥（嫦娥）池。

穿越小径，经过影娥池，来到传闻中的鸟园，以一般家居空间而论，鸟园占据面积不小，因为豢养的是大型的珍禽，其一是"青鸾"，学名大眼斑雉，在亚洲一些地区被当作凤凰的化身。由于栖息地遭到破坏，已成为濒临绝种的禽鸟，故特别珍贵，原饲养的青鸾，也在大师过世后被送往

「考亭」对面的另两座凉亭，走道右手边隔一道矮墙，墙外为双溪溪流。

动物园保育，已鸟去笼空。

　　青鸾走了，仙鹤犹在。鹤在中国是吉祥长寿的象征，也是中国花鸟画中常见的主角。大师在世时养了一对灰鹤，其中一只因飞翔时撞到笼身折翼，早已仙逝；留下一只灰鹤形单影只，至今仍以 85 岁的高龄，闲步长鸣于笼中。富灵性的它或许知道：画家主人已随着另一半西归了。

　　驾鹤西归吗？这或许正是大师的追求吧？！

　　摩耶精舍毕现了张大千的兴趣、审美和修养，也展现了他与自然合一的天人哲学。为建造摩耶精舍，他耗费巨资、倾注心力，他无可选择地在此度过生命最后的时光，没有回归出生故土的他，写了一首诗：

　　海角天涯鬓已霜，挥毫蘸泪写沧桑。

　　五洲行遍犹寻胜，万里归迟总恋乡。

　　最后他和林语堂一样，以有着相同血缘与文化的土地，作为落叶归根之茔。1983 年 4 月 2 日 8 时 15 分，大师辞世，享年 84 岁。而摩耶精舍里的画室、餐厅及其他居室墙上的挂钟，也永远停驻在这一时一刻。

　　中国近代著名画家徐悲鸿如此敬悼之："五百年来一大千！"

开放时间：每周二至周日，每日开放四个时段：9：30、10：30、14：00、15：00，每次参观时间为 40 分钟。
地　　址：台北市士林区至善路 2 段 342 巷 2 号
电　　话：00886-2-2881-2021
注意事项：室内不可拍照，可网上申请预约参观

鸟园入口处的园艺，犹如中国水墨画之一景。

鹤的平均寿命为 60 岁，这只鹤已高龄 85 岁。

朱红色大门在树荫和水泥墙的阴衬下显得格外醒目。

国学大师的素书楼
钱穆台北故居

左手边的阶梯步道，两旁植满枫树，每到秋天即形成橙色隧道。

在一个阳光潋滟的夏日午后，我来到东吴大学，探访国学大师钱穆的故居。钱穆故居坐落在东吴大学终端的小山坡上，必须穿越校园的临溪路才能抵达。

东吴大学紧邻台北市士林区的至善路，如果以校区所在的位置当中点，面对校园左边可通往台北"故宫博物院"及张大千纪念馆，右边则通往士林商圈及阳明山公园等景点，休闲感十足的至善路也成了游览胜地的连接要道。

进入东吴大学的标志牌坊，沿着紧临溪流的临溪路走到底，两株大树形成的遮天清荫，稍稍消退了一身的暑热，清荫下是敞开的朱红色大门，门柱上挂着"钱穆故居"木牌，朱红大门镶在朴素的水泥围墙上，显得格外醒目，也格外有朝气！

故居建在小山丘上，所以进入大门即见两条如手臂环抱的坡道，右手是平整的柏油车道，左手是阶梯步道，两条路径全部铺满了树叶的阴影，可以想见当年的主人、客人、学生，于此散步清谈时的自在与惬意。

客厅开设文化讲堂　慕名学子勤学不辍

1966 年中国开始"文化大革命"，次年香港也出现暴动，"左派"人士到处放置炸弹，人心思危。1967 年，长年定居香港的钱穆与夫人胡美琦打算避居台湾。蒋介石得知消息，迅速于士林外双溪觅地，并依胡美琦设计的蓝图兴建房舍，以为礼遇。钱穆为纪念母亲生养之恩，特别引用无锡七侨堂老家的"素书堂"，作为台湾第一个寓所之名。房舍有两层楼，故取名"素书楼"。

"素书"取意《中庸》："素贫贱，行乎贫贱；素夷狄，行乎夷狄；素患难，行乎患难；君子无入而不自得焉。"胡美琦回忆：

钱穆为此楼起名，是为纪念母亲。因钱穆少时患伤寒，又服错药，性命危殆，全赖母亲日夜尽心看护，陪他在故居素书堂养病，才得以痊愈。

钱穆迁入素书楼后，便在客厅开课、讲学长达 18 年之久。学生中，有连续上课 16 年坚持不辍者，从学生变成教授后，又带着学生来听课。

开课时，老师就坐在餐桌旁侃侃而谈、神采飞扬，学生们或与之共坐一桌，或坐在客厅沙发上。由于前来上课的学生众多，有的人甚至得站着，但不论坐或站，个个听得入神。小小的讲堂根本围限不了课程中那随着逸兴飞进而出的浩瀚中国文化思想。这个客厅是钱穆在台湾讲学最重要的舞台，也是传承中国文化的最佳私塾范例。

客厅的摆设素净雅致，深色木质座椅，配以净白的椅套，白墙上挂着数幅墨宝，充分展现出中国读书人"修齐治平"的风骨，这尤其显现在以宋代理学大师朱熹为礼敬的对象上，左右挂着朱熹所写的"立修齐志""读圣贤书"及"静神养气"等拓碑字轴。

钱穆最高的文凭仅高中肄业。1930 年，承蒙"古史辨"创始学者顾颉刚先生鼎力推荐，才得以离开无锡乡间，北上燕京大学担任国文系讲师。当时长钱穆一岁的顾颉刚，已是

二层楼房，红砖配白墙，在绿色园林里显得醒目又素雅。

朱熹像及朱子格言。

中国学术界大名鼎鼎的人物，虽与钱穆素昧平生，但读了钱之《先秦诸子系年》①后，对他的史学功底和才华大加赞赏：

　　君似不宜长在中学中教国文，宜去大学中教历史。

　　燕京大学刚开学时，美籍校长司徒雷登设宴招待新任教师，并询问对学校的初步印象，钱穆在宴会上率直发表意见：

---

① 钱穆早年从研究先秦诸子思想及诸子事迹考辨入手，最终完成了中国近代学术史上的名作《先秦诸子系年》。这部著作对先秦诸子年代、行事及学术渊源，以及对战国史的研究，都做出了极大的贡献，深得学术界的好评。陈寅恪称其"极精湛"，"自王静安（国维）后未见此等著作"。

右　钱穆年轻时，在课堂上讲学的风采。

左　钱穆摄于素书楼前，平日经常穿着长袍。

　　以前听说燕大是中国教会大学中最中国化的，内心很羡慕。来到学校后一看，觉得大不以为然。入校门即见 M 楼、S 楼，这是什么意思？所谓"中国化"又体现在哪里？应该改成中国名称才是。

　　事后，燕京大学特别召开校务会议，讨论钱穆之疑，最后采纳其建议，改 M 楼为穆楼，S 楼为适楼，贝公楼为办公楼，其他建筑也一律赋以中国名称。由这件事也可看出钱穆性情耿直、就事论事的一面。

　　钱穆在苏州中学教国文时，一边著作《先秦诸子系年》，并在此时首次与胡适见面。身为北大教授的胡适早已名满天下，钱穆虚心向胡适请教关于"讨论《史记·六国年表》"的两本书，胡适竟无言以对，最后以忘了带刮胡刀为由，坚持当日返回上海。

　　1931 年夏天，钱穆在苏州家中收到北京大学寄来的聘书。同年 9 月，他携眷奉母北上，担任北京大学历史系副教授，比在燕京大学的讲师资历又提升了一级。

　　不过钱穆对于胡适依然十分景仰，自认在先秦诸子学的研究，胡适的启发令他获益不少。胡适对钱穆也"尊重有加"，钱穆在北大史学系教授中国上古史（先秦史）时，有人向胡适请教相关的理论，胡适总是建议去问钱穆，不必再问他。

　　钱穆讲述中国通史时也极重视有凭有据的史实，并且擅于举例说明，深入浅出引导学生梳理中国大历史错综复杂的真相。任职北大期间，钱穆与胡适均以精辟的讲演驰名校园，成为北大最叫座的两位教授，当时学生常以"北胡南钱"来赞扬这两位名师。

顶天立地的大书柜，每个屉架均可放内外两排书。

宝剑锋自磨砺出 梅花香自苦寒来

　　钱穆生于 1895 年，江苏省无锡县人，字宾四。1904 年，钱穆与长兄一起考入无锡的果育学校，展开小学 4 年的求学生活。果育学校是清末无锡乡间一所新式小学。清末民初，无锡以重视教育享誉全国，和邻近的南通并称为"全国两个模范教育县"。

　　当时教体操的老师是 21 岁的钱伯圭。钱伯圭与钱穆同族，他有两个儿子，后来都成了鼎鼎有名的科学家。有一天，钱伯圭拉着钱穆的手问他："听说你能读《三国演义》？"钱穆回答："读过。"钱伯圭借此教诲之：

　　这种书以后不要再读。此书一开首就是天下合久必分，分久必合，一治一乱之类的话，这是中国历史走错了路，故有此态。如今欧洲英、法各国，合了便不再分，治了便不再乱，以后应该向他们学习。

　　钱伯圭这番话对年仅 10 岁的钱穆来说不啻如雷轰顶，从而开拓了一名早慧的学童的视野，也奠定其"文化救国"的宏大抱负。

　　1911 年 10 月 10 日，爆发辛亥革命。时局混乱，果育学校宣布解散。钱穆的求学生涯因此中断，自此未再进入学校读书。18 岁开始在乡间一边教书、一边摸索研究学问的方法，完全靠实事求是的精神及严谨的治学态度，成就一代鸿儒的地位。不过，成名后的钱穆并不希望青年学子以其自学成为榜样。

1937年7月7日，日本侵略中国，抗日战争全面爆发。北平沦陷后，钱穆将历年讲授中国通史的厚册笔记，装入衣箱底层夹缝，与汤用彤、贺麟一同南下，开始流转于西南地区的学术生涯。国难当头的恶劣环境，反而令齐聚一堂的哲学家、史学家、文学家们有交流思想、切磋学问的机会。

此时，与西南联大的同事、研究考古学的诗人陈梦家秉烛论学两夜之后，钱穆开始撰写《国史大纲》①，这是他一生中最重要的学术代表作，也是影响史学界深远的中国通史。《国史大纲》一出版，即被当时的国民政府教育部指定作为大学用书，风行全国。

1949年6月，钱穆随华侨大学迁往香港。在香港见到许多来自大陆的青年失业失学，踯躅街头，于是促发其创办"新亚书院"，提供青年求学、治学的机会。钱穆讲学60余年，最为艰苦也最意气勃发的一段，就是在新亚书院的办学期间。他为香港培养出大批人才，及优秀的中国文化史学者。著名的当代历史学家余英时，即这一时期培养出来的杰出学人。

放在书桌前的棋桌。

---

① 《国史大纲》的学术价值：传统中国史家研究历史，向来都是以断代史方式做研究，研究时又常以片断角度对历史人物做善恶的评价。钱穆在这部著作却以通史概念研究中国历代王朝的兴亡，并以相当篇幅阐述中国传统学术的发展。全书以浅白之文言文写成，以彰显钱穆维护文化道统的决心。"内容于学术思想，政治制度，社会风气，国际形势，兼有顾及，唯求其通为一体，明其治乱盛衰之所由，阐其一贯相承之为统，以指陈吾国家民族生命精神之所寄。"有的儒学者认为，《国史大纲》在精神上完全贞守儒家义理，将儒家文化与儒家思想寓于史学之中，已经成为新一派的"新儒学史学"。

钱穆晚年对他一生的著述做过这样的批注：

我一辈子写书写文章，大体内容，主要不外乎三项原则。一是文化传统；二是国民性，亦即民族性；三是历史实证。中国的文化传统，中国的民族性，可以拿中国历史来看，历史就是一个最好的证明。

书房对于一位刻励自学、著作等身的国学大师来说，自然是极为重要的空间。据说钱穆的生活十分规律，清晨起床后，在楼廊小坐片刻，便开始写作。写作时总是聚精会神、专一无二。其间偶尔到庭园散步，午休片刻，再继续工作。

一踏上二楼书房的梯间，即出现一座座高大的白色书柜，每层书架上都放了内外两层书册。钱穆在世时的藏书非常多，现场展示仅为留存的一小部分，大部分已在迁出素书楼时，赠送友人或捐赠给"中国文化大学"图书馆了。

书柜前摆放着阅读、写作的大书桌，书桌前摆放一张小棋桌及两把对弈的椅子，此一摆设也说明了夫妇俩有"下棋"的雅好，而大师本人恐怕是天天以"中国文化"与"西洋文化"对弈吧！

钱穆一直以"做一个现代中国的士"（文化棋士）为己任，在过去全盘反文化传统的西化潮流中，他孜孜不倦地向国人阐述中华文化的基本价值，并提出解决中国积弱不振的方法，唯有"文化救国"。他曾多次指出：

中国人要救中国，只有一条路，就是中国的文化。中国民族之前途，其唯一得救之希望，"应在其自己文化之复兴"。

在其著作《中国历代政治得失》中也提到：

中国之将来，如何把社会政治上种种制度来简化，使人才能自由发展，这是最关紧要的。但这不是推倒一切便可以成功。重要的不在推倒，在建立……讲历史，更可叫人不武断。因事情太复杂，利弊得失，历久始见，都摆在历史上。

他把历史文化与民族精神视为一个时代的元气和灵魂，他是立足于中国文化而对世界文化有杰出贡献的大学问家。语言学家季羡林一再称扬钱穆：

对国学研究做出了极其重要的贡献，他涉猎方面极广，但以中国古代思想史为轴心，因此在他漫长的一生中，在他那些大大小小长长短短的著述中，很多地方都谈到了"天人合一"，一个像钱宾四先生这样的国学大师，在漫长的生命中，对这个命题最后达到的认识，实在是值得我们非常重视的。

钱穆出身贫寒，早年起饱受胃病困扰，一生飘荡，晚年更是双目失明，却著述丰硕，其坚忍卓绝的生活态度也是深受学林敬仰的。其著作多达 80 余本。代表作有《先秦诸子系年》《国史大纲》《中国文化史导论》《中国历代政治得失》《中国历史精神》《中国思想史》《宋明理学概述》和《从中国历史来看中国民族性及中国文化》等。

寝室前的长廊，是钱穆夫妻俩赏景、闲话家常的所在。

1968 年膺选"中央研究院"院士，1969 年受聘"文化书院"（今"文化大学"）历史教授，及台北"故宫博物院"特聘研究员。

苍松怀有凌霄志　双鹤飞来好作侣

二楼连接书房与卧室的一道长廊，开设着可以俯瞰前庭园林的落地大窗，风景明媚、光源充足、空气清新，在靠近卧室前放了两张藤椅，及一张小茶几，是夫妇俩早晨起床后，小坐片刻之处。两位仁爱的教育家，在楼廊里不只闲话家常及生活杂感，更常论及深远的人生及社会议题。

1956 年，胡美琦与钱穆结婚，1958 年曾赴美国加州伯克利大学教育研究院进修一年。1967 年与钱穆迁居素书楼，先在"文化大学"兼教中国教育史课程，后来为照顾夫婿辞去教职。1989 年，夫妇俩创办"素书楼文教基金会"，以弘扬中华传统文化为宗旨。1990 年钱穆逝世之后，她全心投入《钱穆全集》及小丛书的整理、出版工作，不辞辛劳奔走各地推动国学教育，并在香港中文大学新亚书院先后举办了 11 届的中华传统文化研修班。

胡美琦也出版了几本具代表性的著作，如《中国教育史》《阳明教育思想》等。1979 年出版的《楼廊闲话》一书，即夫妇两人在这个幽静的楼廊里，留下的珠玑时评及生活感思。《楼廊闲话》动笔于 1977 年 6 月，每月一篇，定期在《中华日报》副刊上发表，后经副主编蔡文甫先生促成，汇集成书出版。

胡美琦于 2004 年的再版序中写道：

这本小书是我 25 年前的旧作。我家那时住在郊区，环境清静。我们的生活，又近似隐居。生活的调剂，主要靠夫妻间的闲话。当年我在文化大学兼课，教"中国教育史"一课，整天脑海中所想，不外是人生问题、社会问题。日思夜想，只要有闲，我们总坐在廊上闲谈。我的听众，主要只有外子宾四一人。他大约嫌我话太多，常劝我写下来。于是我有了写书的计划。我每写完一篇，第一个读者一定是外子宾四。有时我会得到他的称赞，有时我也会受到批评。无论是称赞或是批评，当年都会使我对问题有深一层的体悟，增长了我的智能。至今每一回想，仍不免内心会产生无限激动。

钱穆曾说："人生如一部活书，可以供人读一辈子。如果一读就懂，亦将无深度可言。"追忆钱穆长达近 80 年的治学生涯，确如一部活书，足供热衷中国文化史的学生捧

右　钱穆伉俪合影。

左　钱穆手书生活闲逸之趣："小阁凭栏莞尔，匡床拥被陶然，隔浦芦花渔船。山人别无妄念，三茶两饭，夜半人声何处，便是，种成百树梅花，此是穷奢极欲。"

宽阔的庭园，令人悠然忘机！

读一辈子。而钱氏伉俪相互扶持、亦师亦友的眷侣生活，也谱出另一部令人回味无穷的活书。胡美琦透露，他们夫妻并非迁居台湾素书楼之后，才开始畅谈生活感想，早在结婚之前，住在香港九龙山区时，就已养成闲聊世事人生的习惯。

　　远在我结婚以前，我和外子宾四在一起，常喜欢闲聊人生。成婚后，我们最初住在九龙钻石山难民区一小楼上。楼有小廊，可以望月，可以远眺一线的海景。下楼走出住宅区，可以绕上一长堤，两旁都是农田，几间村舍，疏疏落落，点缀其间，景色幽静。我们在钻石山住了4年，几乎每天晚饭前后，必然在此堤上散步闲谈，比较在楼廊上闲谈时更多。以后我们迁居九龙郊外沙田半山上一楼，地势很陡，出大门就是石级长坡，四周没有适合散步的地方。但楼居有廊，面前一排4丈宽，高逾8尺的玻璃长窗，对着宽大的海湾。海湾中有一排如屏风般的远山。从楼廊远望，海山宛然，真是令人心旷神怡。我们在此居住8年，每得闲暇常在此廊上闲话。

　　我常想，能多接触天地自然的辽阔，可以帮助我们人胸襟开朗。长日面对远山近海，一片安静，使我对人对事容易有更深一层的理解，亦能有更多的容忍。

夫妻相处最难能可贵的就在于"投机与投缘"，最怕"话不投机半句多"，大师夫妇，一位学养深厚、达观包容；一位热情感性、谦虚自持，成为生活伴侣后又能互为师友，一起在楼廊上指点江山，品味人事浮沉，千年修得的金玉良缘，着实令人感动！

在当时，我们物质生活虽很艰困，但此种日常的闲话，却给我们带来不少精神上的解放与安慰。

当时使我感受最深，兴趣最浓的，是宾四喜欢引古讽今。他口说不谈学问，但这一种针对现实而引经据典的发挥己见，却使我觉得对人生更深的领悟。有时候听得心动，我突然觉得自己在人生的意境上，又迈前了一步。满心的愉快，真不是我这支笔所能形容。每逢此情景时，我不禁向他说，快把你这些话写下来，让大家积善成德，不更好吗？他说："我想要写的太多了，你觉得好，你该自己写。我也时常想下笔，但转瞬间，事过境迁，往往又觉得当时所悟，把捉不定了，迟疑不能下笔。"……他教我要懂得"含蓄"，要懂得"酝酿"，要懂得"厚积薄发"。他说，只要时时存心于此，积久又能悟出新意。尽可慢慢下笔。

胡美琦才华洋溢，不仅能执写作之笔，也能执绘画之笔，挂在卧室墙上的《苍松双鹤图》，即钱夫人为祝贺夫婿80大寿亲手画的，并以"苍松怀有凌霄志，双鹤飞来好作侣"注记两人共度20年的婚姻，一段看似平实无华，却逸趣悠远的神仙生活。

尘事无常　天道好还

钱穆晚年数度轻微中风，不适宜外出旅行，因此殷切期盼在北京的清华大学教书的大女儿钱易能到台湾探望。但当时台湾尚未开放大陆亲属赴台探亲。1987年底又有梁实秋之丧，长女梁文茜（大陆元配所生）不得其门而入的遗憾，钱穆看在眼里。虽知自己的健康日益恶化，却更怕流言伤人，夫妻极感无奈。

所幸梁实秋之丧和钱穆之愿，最终获得广大民众的同情，台湾当局于1988年11月公布探亲奔丧办法。办法公布时，人在荷兰阿姆斯特丹进行学术访问的钱易，当月即申请来台，成为两岸分隔40年来第一位来台探亲的大陆人士。

钱穆和女儿终于在外双溪共享天伦之乐，但钱穆听女儿细数家乡景色的变迁时，也不由得黯然慨叹："此生恐怕是回不去了"，其时大师已双目失明且重病缠身，不能起床，也不能正常进食。

未料，就在大师谢世前夕，又发生"素书楼风波"。1989年，民进党称素书楼为政府所有，时任"立法委员"的陈水扁更指责钱穆侵占公产，要求钱氏夫妇限期搬家，不

前庭靠大门处，马英九与胡美琦一起种下"希望之松"。

纪念馆设立后另设的图书休闲区。

少关心此事的学者陆续到素书楼探视、问安。

钱穆问："这些人急着要这房子做什么？"

学生说："要做纪念馆。"

钱穆不禁慨叹："我活着不让我住，死了纪念我什么？"

事件扰攘近一年，钱穆不得安宁，为避免"享受特权"的指控，毅然与夫人搬离素书楼，迁居杭州南路。3个月后，1990年8月30日，一代宗师在贺伯台风来袭的风雨中走完人生道路，相对于窗外的狂风怒吼，与政治斗争上的狂肆喧扰，度过将近两个"知天命之年"的大师，应是平静且安详的。孔子说"五十而知天命"，钱穆享年共96岁。

钱穆虽以史学成名，但又学贯"经史子集"①，可以说是20世纪中国国学界中难能可贵的"通儒"。钱门弟子逯耀东闻老师去世，不禁发出"绝了，绝了，四部之学从此绝了"的感叹！

钱穆的逝世，似乎也意味着传统国学的结束。

素书楼院内的一草一木，都是钱穆夫妇亲手栽种并照养多年的。入口阶梯步道两旁的枫树，据说至深秋时节，即换装成黄橙色的红叶，每令访客惊艳。房舍旁挺立的修竹，是终身浸润在中国文化中的大师亲手栽种的，宋代大文豪东坡居士有言"不可居无竹、食无笋"；前庭错落有致的花木，胡美琦也都亲力亲为灌溉照顾。素书楼因为书香交织着花木馨香，而形成一片优雅动人的人文风景。

1992年素书楼改为"钱穆纪念馆"。1998年，任台北市长的陈水扁前来纪念馆参观时说：

我是亲自来向宾老表达歉意和说声"对不起"。当局，特别是台北市当局，在过去做得不够，也许是由于一些杂音和压力，忽略了对一代儒宗所应该要有的特别的礼遇……

钱夫人回应道："迟来的道歉已没有意义。"

2002年，马英九也以台北市长身份向钱夫人致歉，除澄清霸占公产之说，又与胡美琦一起在前庭种下一株"希望之松"。2010年8月，素书楼举行钱穆逝世20周年追思会，马英九再度向钱夫人道歉，81岁的钱夫人表示：过去20年的点点滴滴，常让她想起宾四去世前写的一副春联：

尘世无常，性命终将老去；

天道好还，人文幸得绵延。

---

① 经史子集，是中国古代书籍分类的主要方法，分经、史、子、集四类，这四类基本上囊括了中国古代的所有书籍。经：包括政教、纲常伦理、道德规范的教条，主要是儒家的典籍。史：包括各种体裁的历史、地理和典章制度著作。子：包括诸子百家及释道宗教著作。集：包括历代作家个人或多人的散文、骈文、诗、词、散曲等的集子和文学评论、戏曲等著作。

2012 年 3 月，钱夫人胡美琦逝世，享年 83 岁。她是钱穆的第三任妻子，27 岁时嫁给时年 56 岁的钱穆，从此夫唱妇随，专心照顾大师生活起居及饮食，令钱穆得以专心于教育及著述事业，钱夫人才华洋溢，但仍充分展现"以夫为尊"的传统美德。

开放时间：每周二至周日，上午 9 时至下午 5 时
地　　址：台北市士林区临溪路 72 号
电　　话：02-2880-5809

钱穆写的对联，胡美琦恭书之，并置于《楼廊闲话》书背。

塵事無常　性命終將老去
天道好還　人文幸得綿延

——錢胡美琦

"台北故宫"正馆，也是第一展览馆，天天涌现来自大陆的游客，故在广场上即可听到
各个地的南腔北调，极为有趣、热闹。

赏心景点

台北"故宫博物院"

位于台北市至善路上的"故宫博物院"，可以说是大陆游客必访的景点，因为它的地标意义，就如同北京的故宫。而两者最大的不同是：北京故宫保留了清王朝的宫殿建筑群，"台北故宫"则收藏了一部分清朝宫廷所遗留的中国艺术文物瑰宝。

抗日战争爆发后，为了躲避日军攻击，北京紫禁城故宫博物院的文物开始了南迁之旅，1948年运抵南京；后来国共内战，国民政府再将文物运至台湾。这些文物几乎涵盖了中国五千年的历史，收藏品以宋、元、明、清四朝为大宗，数量达65.5万多件，故有"中华文化宝库"的美名。

此为位于右翼的文会馆（行政大楼及图书馆），第二展览馆则位于照片左侧。

　　"台北故宫"所藏文物大致可分为青铜器、书画、陶瓷器、图书典籍、工艺品和宫廷类文物几大类。青铜器展品多样，以毛公鼎、散氏盘、宗周钟为主；书画藏品共计约9120件，著名者包括郭熙《早春图》、范宽《溪山行旅图》以及苏轼《寒食帖》等；陶器展品以宋代五大名窑瓷器、明代官窑瓷器和清宫旧藏瓷器为大宗，著名的康雍乾三朝珐琅彩瓷器尤具代表；图书典籍部分以宋朝、元朝和明朝的版本最多且完整度高，如文渊阁《四库全书》、摛藻堂《四库全书荟要》《宛委别藏》等；工艺品是"台北故宫"的最大特色，著名的翠玉白菜、肉形石等玉器共约11445件；另外还有漆器、玻璃、金银器和笔墨纸砚等等共7605件藏品；宫廷类文物则是包含萨满教与藏传佛教的法器、祭器等。

　　"台北故宫"第一展览馆一至三楼，为主要的展览室，有常设的文物展，及不定期的主题文物展。四楼的"三希堂"为品茶休憩区，设计结合中国风及禅风，相当优雅舒适。取名"三希堂"，典故来自乾隆皇帝的书房名称。

　　"三希"有两种含义：一种为"士希贤，贤希圣，圣希天"，即士人希望成为贤人、贤人希望成为圣人、圣人希望成为知天之人。也就是鼓励自己不懈追求，勤奋自勉。第二种解释为"珍惜"。"三希"指三件稀世珍宝。乾隆皇帝文韬武略、博学多识，能诗词，尤擅书法，曾多次在全国寻求历代书家的名帖，乾隆十一年（1746年）收藏了晋朝大书法家王羲之的《快雪时晴帖》、王献之的《中秋帖》和王珣的《伯远帖》三件墨宝，乾隆皇帝至为珍爱，时常把玩欣赏，因此这三件书帖，就成为"十全老人"的珍稀之宝，也是"台北故宫"的镇馆之宝。

　　而位于"台北故宫"右翼的第二展览馆，则不定期举办与世界各大美术馆合作的专题特展，例如印象派画展、大英博物馆展、卢浮宫典藏展等，都是美不胜收、增益知识的世界级展览。因此"台北故宫"，也成为世界各地游客到台湾旅游的必访胜地。

跨越时空的至善园

  1984年完工落成的至善园位于"台北故宫"左前方，靠至善路的入口车道边，从主展览馆往下走，走下迂回的阶梯，往左转，就可以看到一个白色圆形门造型的入口，百分百的中国传统园林设计，令人对园内的景观充满好奇与期待，资料上都说这是一个仿宋代的园林，但亲身游逛其间，将发现：庭园中部分景点设计，乃以王羲之的故事为蓝本，令人不知是置身于东晋、宋代还是当代的时空中。

  进入圆形入口门后，一直顺着林间步道直走，不久就会被座与人等高的塑像吸引，原来是取材自"羲之书换笼鹅"的故事。东晋大书法家王羲之生性喜欢鹅，他听说会稽有一位老太太养了只鹅，叫声很好听，于是带着亲友去观鹅。谁知老太太听说王羲之要来，竟把鹅烹煮了，准备招待他，他为此难过了一整天。后来又得知山阴有位道士，养了一群鹅，王羲之去观看时非常高兴，多次恳求道士把鹅卖给他。道士对他说："你若替我抄一遍《道德经》，这群鹅就全部送给你。"王羲之欣然抄经相赠，并把鹅装在笼子里带回去，一路上竟乐不可支。其实王羲之的书帖不知可以换多少笼鹅呢。至善园内的塑像，栩栩如生地重现了这段至情至性的文人故事。

继续往上走，即抵达"兰亭"，东晋穆帝永和九年（公元 353 年）三月三日"上巳节"，时人会相约到水边游玩，以祓除不祥称作"修禊"①。当天王羲之与谢安、孙统、孙绰等文人名流，在会稽郡山阴县（今浙江绍兴）西南的"兰亭"举办宴会，众人分坐溪水两侧，置酒杯由上游流下，曲水流觞，饮酒赋诗，最后将诗作汇编成《兰亭集》，请王羲之作序。王羲之于酒酣之际，用鼠须笔在蚕茧纸上一挥而就 28 行 324 字，后人称之《兰亭集序》，内容抒发了聚而后散、人生无常的感慨。由于此序是在微醺的情况下写出，酒醒后重写已写不出那恣意畅达的韵味，成为其最得意之作，也被誉为"天下第一行书"。这一段历史故事，也重现于至善园的虚拟实景中。

___
① 中国古来就有"修禊"的风俗，每逢春花三月，古人会采百花香草，洗澡净身，祭神欢宴，以避灾祸。这习俗原是在每年三月上巳日举行，魏晋以后，才固定于 3 月 3 日，从洁身祭神，洗除不祥的"祓禊"原意，慢慢渐转变为玩赏景物、饮酒作诗、临流聚会的"户外野宴"。游戏方法是参加的文人坐在溪水两旁，司令者斟酒一杯，放入溪水漂流，看溪水把酒杯流到那个人面前，他就拿起来喝完酒，并作诗一首。

右　曲水流觞之景。

左　"羲之书换笼鹅"塑像，左边即道士和饲于笼中的鹅，右边为王羲之带着小书僮。

上　龙池中的龙头喷泉以及黑天鹅浴水的有趣画面。
下　对着池鱼虎视眈眈的夜鹭，完全不理会逼近的镜头。

　　离开兰亭，顺着蜿蜒的溪水往下走，即到达园中最高的建筑"松风阁"，阁高两层，实木梁柱以龙凤入雕，登临二楼顶层，可尽览园内山水美景，阁内陈设琴台高烛，益发思古之幽情。

　　步下松风阁，仿佛真的由东晋走入宋代的园林中，园间步道，垂柳摇曳、翠山碧湖，尘嚣尽涤。左手边是"碧桥溪水榭"，取自南宋吴琚"桥畔垂杨下碧溪"诗句。水榭临水而筑，白净的六曲桥凌跨碧湖之上，景致幽静、清雅，真是人间仙境！

　　水榭对岸为"龙池"，池中以巨石砌成蛟龙身躯盘踞的写意形貌，唯龙头逼真雕琢，池水由口中喷出，象征龙通天达地、普施甘霖的神力。湖中鸳鸯戏水、天鹅浴水弄清波、池鱼悠游、夜鹭伺机觅食，和风晓日，一片祥瑞气象，令人悠然忘机、乐不思蜀！

　　至善园的美与秀，确非笔墨所能形容，计划前往"台北故宫"参观的游客，岂能错过！

室内的"冰裂纹"木格隔屏与透明的玉琮灯罩，尽头可看到以中大面积玻璃区隔的中式点心厨房。

"故宫晶华"的文物再生宴

　　于 2008 年 6 月 25 日正式开幕的"故宫晶华"宴饮中心，对于前往"台北故宫"参观的国内外游客，以及美食爱好者，是个相当不错的餐饮选择。既占地利之便，又有高价位的精致美食，及低价位的美食广场，足可满足饕客们的多元取向。

　　"故宫晶华"位于台北"故宫博物院"正馆右侧，紧邻行政大楼文会馆，由台湾知名建筑大师姚仁喜设计，建筑理念传承"台北故宫"特有的人文历史特色，外墙采用具穿透性的玻璃帷幕，以降低新建物对于院区内既有建筑物之冲击。夜间则透过灯光设计，使内部开放之空间设计延展于外，成为"台北故宫"院内最吸引人的夜景。

「故宫晶华」外观，采用具穿透性的玻璃帷幕，帷幕里可见一层「冰裂纹」木格设计，以呼应室内的设计元素。

室内空间设计，则邀请日本知名的空间设计大师桥本夕纪夫操刀，仿宋代青瓷的冰裂纹贯穿整栋餐饮中心，入门大厅的玄关、餐桌之间的隔屏、墙面上装饰纹路，处处可见这自成一格的冰裂图案。

步入一楼餐厅，中央挑空 6 米的天井创造出古代客栈的用餐氛围，中央走道两旁矗立着直达二楼天顶的灯柱，是根据新石器时代的玉琮（古代祭祀用的礼器）造型打造的。走道左右为古朴雅致的座位区，该区悬挂的灯具为仿西周宗周钟（祭祀用的乐器）的外形，餐桌以木制框镶着花莲的大理石，古今交错、完美融合。

走道尽头为中式点心的开放式厨房，师傅的巧手烹艺得以在此精彩呈现。

尽头左面的墙上裱贴着一幅创作于唐代的《宫乐图》，右边墙面则裱贴宋徽宗的《文会图》，左右相映成趣，呼应"台北故宫"馆藏的美妙与精彩！

沿着楼梯走上二楼，天井两侧为可容纳8人至20人不等的10间私人包厢，分别以"台北故宫"典藏书画家的名号命名，如"兰亭居""白石居"（近代齐白石）"六如居"（明朝唐寅）"云林居"（元朝倪瓒）"衡山居"（明朝文征明）等等。设计师在厅房内主墙面上选用宋朝之青瓷，并以亚克力仿制的中式灯笼，搭配镜面窗棂与木质地板，展现质朴中的时尚品位。

另外四间小厢房"太白居"（唐朝李白）"大千居"（近代张大千）"井西居"（元朝黄公望）及"松雪居"（元朝赵孟頫），是以北宋张择端的《清明上河图》贯穿，设计师选择画作局部、透过剪纸艺术和磨砂玻璃，以光线艺术透视出此件珍贵收藏所展现出的市井风貌。

地下二楼的"府城晶华"为集全台湾各地的特色小吃，坚守传统美滋味，但令摆盘设计时尚化的大众餐厅。

到"故宫晶华"用餐，在享用美食之余，还可浏览、温习"台北故宫"的文物典故与特色，可谓一举两得！

牛肉面汤头确实清甜不油腻，且层次丰富，肉质软嫩，相当可口。

仿冰裂纹的木隔屏风。

一楼接待区及座位区, 开放的大空间, 布满各种雕饰及雕塑作品, 令人目不暇接, 每一件作品都隐含了高迪、米罗与毕加索的影子。

魅炫瑰丽的伍角船板

　　第一次造访伍角船板这栋艺术餐厅的因缘, 应从 2009 年说起, 那时候我在台湾的年代电视公司担任"艺术新闻"制作人的工作。有一回, 旗下的记者搜索到一个报道题材, 说有一个餐厅的厕所, 设计得很新奇, 想前往采访报道。我给予的回应是:

　　该餐厅如果连厕所都值得报道, 那么用餐环境不更值得报道吗?

　　年轻的记者支吾其词, 竟无法简明扼要地回答我的问题。

　　由于我个人对于艺术餐厅特别感兴趣, 于是决定亲自前往一探究竟。未料, 刚抵餐厅门口, 即被令人惊艳的外观震慑了。支撑着入口步道, 一根根如螺旋般的彩色列柱, 竟让我想起了西班牙建筑大师高迪①, 在奎尔公园里打造的大象列柱, 但眼前的列柱却更

---

① 高迪的建筑风格十分强烈, 但整体上又有一致性。他曾说过: "直线属于人类, 曲线属于上帝。"所以终其一生, 高迪极力地在自己的设计中追求自然, 在他的作品当中几乎找不到直线, 大多采用有机型态的对象与充满生命力的曲线来构成一栋建筑。但高迪并不沿袭当时建筑界对古典样式的抄袭风, 反而积极地在既有的样式中创新, 并在自然界中寻找灵感。他舍弃传统的方形、圆形、三角形等纯粹几何, 采用骨头、肌肉、翅膀与自然植物的曲线, 搭配其他如锥体、螺旋体、抛物曲线等创造出许多奇特瑰丽的造型。这一段对高迪建筑风格的介绍, 其实也像是对谢丽香建筑风格的形容!

左　伍角船板外观，是两个跳舞的女人，约10楼高，造型与工程均相当惊人。
右　背墙采光的玻璃。从镂空的楼梯再透出余光，交织的繁复线条、图案与光影，令人目不暇接。

加漂亮、细腻、别致。

　　经过解说，才知道这些列柱象征"跳舞的女人"随着音乐节拍变换的脚。在这些脚上则覆罩着张大的圆舞裙，裙上饰满回转的圆圈。女郎扬起一只手，拨弄飘动的波浪长发，当我亲见到两尊"跳舞的女人"的壮丽外貌时，只有"惊艳"两个字可以形容！

　　再沿着缓坡步道，步入餐厅，一时间仿佛置身于欧洲的某一个时空内，建筑结构竟再度展现类似高迪的艺术特色，墙柱上饰满如珊瑚、海星、水母、草履虫的大、小件"铁板结合水泥"雕饰，仿佛一座灰色的珊瑚洞穴。

　　但灰色的洞穴里又以极鲜明的彩绘符号（似米罗），与立体派彩绘人形（似毕加索）作为添彩加色的华丽装饰，令整个洞穴呈现出既梦幻又超现实的风华。尤其是在建筑终端挑高的墙上，镶嵌着透光的玻璃，仿佛秘宝洞穴里唯一迎向天光的明镜，又像吸收日月精华的帷幕，透过以太阳为雕饰的图案，为洞穴幻造出绮丽的七彩龙宫。

　　只听到耳边不断传来"哇！哇！"的赞叹声，这该是第一次造访的人，共同的响应吧！

　　我颇获礼遇地被安排在紧临大鱼池的餐桌边，与设计这栋餐厅的女艺术家谢丽香会晤。当看到身形和我一般娇小的丽香现身，"不可思议"再度涌现于胸臆间：

这么一位弱女子，如何能打造出一栋连男性设计师都难以企及的超大型艺术品？

这是我第一个疑问。

未料丽香的回答更令人无法置信：

我没有学过建筑、没有学过艺术，完全是依赖保丽龙当模型，取代建筑蓝图和工人沟通的。

但高迪是位力学的精算师，他虽跳脱传统建筑的工法与型制，却运用了精密的力学计算法则，才能建造那如隧道般的"米拉宫"。倒是"圣家堂"所呈现的森林教堂风貌，与伍角船板有着异曲同工之妙，然而高迪毕竟有扎实的结构理论做后盾，不像纯粹的素人建筑师谢丽香。

我再问丽香，可知道自己的建筑设计手法像高迪、绘画及雕塑作品又有毕加索[①]和米罗[②]的影子，丽香回答：

我已经听很多人这么形容我的作品，但从来就不认识这几位艺术家，也没看过他们的作品。

没想到，第一次到伍角船板的经验，就是不断被"惊艳"与"惊讶"震撼着！

经过一下午愉快又感动的晤谈，才得知丽香从 1991 年起，即展开徒手造屋的传奇历程。第一栋是为了打造自己的理想住宅，成功后，获得关注与赞助，才陆续由台南、嘉义、台中到台北，设计、打造出一栋栋标新立异、各具风格的艺术餐厅。每一栋餐厅都是集汗水与泪水，克服重重难关完成的，每一栋餐厅也都叫作伍角船板。这个名字来自一块漂流木：

一块有着美丽纹路的船板，

上头停留了一枚伍角旧币，

如果有一天我能在一个地方建一栋有风格的房子，

那名字就是"伍角船板"。

丽香运用变形的黑砖，成功打造出自己的住家后，不久，迷恋上漂流木，便前往海边疯狂捡拾漂流木，直至捡到嵌着伍角旧币的老船板，从此展开"塑造"[③]系列艺术餐厅

---

①1906年毕加索初次看到黑人的雕刻，受到莫大的感动。黑人原始、大胆、强烈的造型，给毕加索很大的刺激。1907年亚维农的少女画作，成为他创造"立体派"风格的里程碑。毕加索的立体派，基本上不是纯美学的，是走向理性的、抽象的，将物体重新构成，组合，带给人更新、更深刻的感受。而很多人都把他的"立体派"说成"抽象派"，其实是两种截然不同的论派别。仔细比对谢丽香的雕塑及画作，也几乎都隐含着毕加索的"立体"元素。

② 米罗是超现实主义大师，他的画风总是有一种天真、无邪、贪玩的风格。他以有限的记号要素作画，达到现代画自由表现的境地，其作品的幻想成分虽然神秘，表现却明晰，画面充满了隐喻、幽默与轻快，表现孩童般的纯朴天真，并且富有诗意。

③一再用"塑造"及"打造"来形容谢丽香的建筑设计手法，是为了凸显其盖房子的理念，就像做泥塑般，是塑出来的，不是盖出来的。

右上　鲜虾色拉，带酸甜味的佐酱，一道好吃的开味菜。

右下　碳烤肋排，酱汁富有层次感。

左　　一楼的大水塘里，立着5个犹如非洲人的塑像，线条流畅而动感十足，极精彩的雕塑作品！

的计划，甚至因为四处漂泊，住家经常闲置，最后连自宅都加入了系列餐厅的行伍。

与丽香聊天时，中间大水塘里的雪白锦鲤，不时吸引我的注意力。因为纯白的锦鲤实在太少见了，而且丽香只放养白色的，她真是一位高明的配色专家，在颜色繁复的七彩龙宫里，唯有"雪白"足以跳脱、显色！

之后，也很庆幸能获得丽香邀请，前往她尚未完工的"女人岛"，享受一晚"以天地为帐幕"的五星级虚拟度假方式，只可惜碍于经费不足，"女人岛"至今未能竣工；而停不下来的丽香，又前往大陆继续她的筑梦工程。听说最近终于在四川完成她的"不老窝"，且为"爱"安定下来了！

在前往四川"不老窝"探访丽香前，应将伍角船板之旅列为优先的旅游计划，以表示对这位"台湾高迪"的敬意吧！

十余年前，前往西班牙自助旅行，就是为了去向高迪的魔幻建筑艺术朝圣，却不知高迪早已到台湾来"投胎"了！

至今还未造访过任何一家伍角船板的台湾朋友们，不妨挑个适当时日，到北中南任何一家伍角船板用餐，感受一下这位素人建筑艺术师的魅炫魔力吧。

于此，更欢迎大陆的朋友们，把伍角船板之旅设定为"深入台湾、探索岛屿"的人文艺术旅程，相信会让您获得意想不到的收获与满足，绝非寻常的观光游程所能比拟！

赏趣商圈

士林夜市商圈

　　台北士林区相对于台北各区，可谓得天独厚，有风光秀丽的阳明山、有瑰宝琳琅的台北"故宫博物院"、有让人欲窥堂奥的士林官邸、临近有异国情调的天母商圈，因此到士林地区旅游度假的人潮，到了晚餐时间，自然会涌向台湾美味小吃集中、林立的士林夜市，大快朵颐一番。

　　旧士林夜市所在的地点，原是靠近基隆河的渡口，从士林的农产品到艋舺、大稻埕的货物都在这里交易，1909 年设立士林市场一直发展至今，成为台北地区最具规模的夜市之一。今日的士林夜市共分两大区域，第一大区即最早的士林市场，现已迁移至捷运（地铁）剑潭站前、新规划的"士林夜市美食区"，由于距离捷运站近，故不时涌入逛街、品尝美食的游客。

　　第二区以阳明戏院为中心，扩及文林路、基河路，以及大东路与大南路的范围，商家林立。

　　在士林夜市的这两大区域内，均可尝到台湾各地的美味小吃及日韩美食，如蚵仔面线、天妇罗、蚵仔煎、清蒸及油炸肉丸、珍珠奶茶、广东粥、日式寿司、韩国泡菜锅等。吃饱喝足后，沿途贩卖的各式皮包、鞋子、衣服及百货饰品，琳琅满目，不但是台北人逛街的好去处，台湾其他县市的民众也经常慕名而来，甚至连前往台湾旅行的观光客都趋之若鹜。

　　现在，在士林夜市里，耳畔一样充满了来自内地各省的南腔北调。

右：台湾各地均可吃到的臭豆腐，做法多样，美味至极。

左：士林最具知名度的小吃之一：生炒花枝。

上　新建的士林市场，离剑潭捷运（地铁）站相当近，更方便。

下　士林市场里的衣服、饰品区。

赏趣商圈

美丽华商圈

美丽华购物中心，是位于台北市中山区的大型综合购物中心，于 2004 年开业。因此商圈离台北"故宫博物院"仅 10 余分钟车距，便利的剑南路捷运站（地铁站）也近在咫尺。

"美丽华百乐园"特别配合全区 50% 的绿化规划，将整个购物中心规划为本馆与漾馆两大馆，两大馆之间设一条大街廊，呈现百货商场结合度假风的新面貌。

本馆的楼层规划以名媛绅士用品为特色，共有 6 层楼；漾馆的楼层规划特色则以时尚流行、个性化为主轴；6 楼以上的室内空间则规划为电影院。

而设置于百货商场 5 楼顶的"摩天轮"，是大台北地区非常受欢迎的地标之一，也是俯瞰台北市景的第三高据点（前"二高"是 101 大楼、新光三越百货站前馆）。这座摩天轮尺寸在全台也是排名第三（第一名为位于云林的剑湖山世界，直径 88 米；第二名为位于高雄的义大世界，直径 80 米）。虽然美丽华的摩天轮直径仅 70 米，但因基座架于建筑物 5 楼顶，故又以 100 米的总高度，名列第二高摩天轮（仅次于高雄梦时代的"高

美丽华百乐园外观，楼顶的大巨轮即观景的摩天轮，一楼有直达手扶梯直接通往。

雄之眼"摩天轮）。

摩天轮共设有 48 个车厢，搭乘绕行一圈约费时 17 分钟，也是全台运转时间最长的摩天轮，故搭乘时，确实可以悠哉、放松地享受俯瞰台北市景的乐趣。当然于此欣赏台北华灯璀璨的景观，也足以满足搭乘者的浪漫想象。

摩天轮之下还有一个华丽的旋转木马设施，每一启动，曼妙的音乐也随之流淌，令整个异国风情浓厚的楼顶，增添温馨欢乐的度假感，深受大人、孩子们的欢迎，也是新婚佳偶前来拍摄婚纱照的梦幻景点。

而以"美丽华百乐园"为中心，附近也坐落着数个大型的生活购物商场，及数家极富特色的度假旅馆，如最近的薇阁、维多利亚酒店等。而在维多利亚酒店隔壁，即坐落着令人惊艳的艺术餐厅"伍角船板"。由此可知美丽华商圈，完全可满足远道而来的旅客住宿、休闲、饮食，购物，以及欣赏电影的多元化需求。

剑南路捷运站（地铁站），位于美丽华百乐园的斜对面。

〇三

五峰忆戎马

井上温泉「将军汤」——张学良新竹故居

井上温泉"将军汤"
张学良新竹故居

左　张学良与赵一荻的纪念铜像，塑造其在
　　此生活时的中年形象。
右　新竹县政府于2008年兴建的第一个纪
　　念馆，离原址还有一段距离。

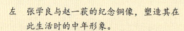
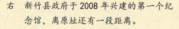

　　曾经造访新竹五峰乡桃山村"清泉风景特定区"的游客，在进入五峰乡那一段弯曲绵延又婉转的山路时，相信都会忍不住这么惊叹：这条路可真是曲折又遥远，难怪蒋介石把张学良软禁在这座山里，在交通仍不便利、道路也未修葺的20世纪50年代，这里真是一个与世隔绝的世界。

　　张学良在日记里也描述了他对这段山路的感受：

　　由新竹市到井上温泉，汽车往返约5—6个钟头，公路之坏，难以想象，竹东到井上一段，因石头露出地面，轿车不堪通行，只有吉普车或卡车方可行驶，并且险处甚多，颠簸万分。

　　不过，遗世遥迢的路途也蕴生了美丽的世外桃源，这是经过近1小时的九弯十八拐，下车后的第一印象。

　　到访这日是个风和日丽的大晴天，我们仿佛被环抱在充满芬多精的绿色山谷里，满

眼的绿，四周的山峦在阳光照耀下发散着暖烘烘的热度，空气异常清新，停车场上虽然停放了数部汽车，但走动的游客稀稀落落，显得格外安静。

　　停车场边，种植着整齐柏树的小园区内，竖立着一对立身铜像。毋庸置疑，就是张学良夫妇。他们于 1946 年来到这里，当时张学良 45 岁，赵一荻 34 岁，铜像忠实塑造出他们中年的模样。

　　铜像身后的日式房舍，建于 2008 年，依故居当年的型制及格局重建。但此处离原址其实还有一段距离，因考虑到地点的安全性，紧邻上坪溪畔的旧居，于 1963 年遭葛乐礼台风引发的土石流冲毁，未留下片砖寸瓦。2014 年，在原址上又建了一栋规模更大的纪念馆，是由辽宁省慷慨捐资建造的，新竹县政府盖的这一栋便改成"原住民纪念馆"，与张学良夫妇相关的文物及档案资料也全部移往新馆，仅留下这一对栩栩如生的纪念铜像。

新竹县政府盖的纪念馆，复制了故居当年的造型及格局，现改为介绍当地少数民族情况的纪念馆，但现场空无一物，还在规划中吧。

一心期盼离开囚笼、重返自由的张学良，完全想不到会被千里迢迢地转移到台湾，而且地点位于北部山区的少数民族部落中，十足的穷乡僻壤。

1946 年 11 月 1 日，此时已被蒋介石秘密关押在重庆松林坡公馆的张学良、赵一荻被告知：第二天动身，飞机已安排好了。他们被折腾得久了，此前，他们的囚禁地是贵州桐梓。只是他们没料到，这次一别，却是远离内地，永无归期。

从日记记载中可以看出，张学良、赵一荻是在飞机落地后，才知道自己被送到了台湾，无奈、怨怨之情跃然纸上。下飞机，再经新竹，于 11 月 3 日 13 时左右，抵达井上温泉。

是不幸也是幸　井上温泉好幽居

五峰乡位于新竹县西南隅，境内超过两三千米的高山林立，分为桃山、大隘、花园、竹林四村，境内居民主要由 "泰雅族" 及 "赛夏族" 两支台湾少数民族组成，仅有少部分的客家族群及外省人散居，为新竹县人口最少的高山乡镇。两年一度的赛夏族矮灵祭场即在五峰乡境内，每每吸引中外旅客涌入部落观赏祭典。

桃山村境内的 "清泉风景特定区" 是通往大霸尖山的著名风景据点，清泉部落周围层峦叠翠，风景超尘绝俗，相传古时即拥有面积颇大的温泉储泉池，可供人畜游泳。受伤的山鸽常以泉水疗伤，泰雅族人也仿效之。

由于温泉水质澄清，泉质属于弱碱性碳酸泉，无色无味，水温约 48 度，随着天气变凉，泉温也随之提高，对温泉资源情有独钟的日本总督府岂会错失这么一片好山好水，不但在此设置泡汤澡堂，称为 "井上温泉"，还为可能前来巡行的皇太子兴建度假行馆。深处山野的度假行馆，日本皇太子恐怕没来过几回，反而成为日后拘禁张学良夫妇的现成住所。

右　赵一荻（左二）、吴妈（右二），与泰雅族人合影。

吴妈是一路跟随赵一荻由大陆到台湾的管家，

左　五峰山桃山村，处处可见当地少数民族风格的装置艺术。

张学良晚年在接受史学家唐德刚采访时也这么说：

我初来这儿住井上，我说日本盖这房子的时候，怎么也没想到后来张学良会住，我倒是有大的感想！我说天下事都是上帝的安排，谁知道？我们绝没想到在台湾住到现在，我自己的老家，我也没住过这么些年。

被软禁于此的张学良，也入乡随俗，常到附近的竹屋泡汤。但当年的竹屋一样被台风带来的洪水卷走了。近年，新竹县政府重新打造了一座格调清新、舒适简约的"将军汤"，以记录张少帅的生活史迹，并供游客足浴、休憩。

在气温回暖的艳阳天下浴泉泡脚，或许身体的感受不那么舒服、解放，但不少游客仍是忘我地坐在池畔静静地浸着脚丫子，或发呆，或滑手机，真仿佛"红尘是非不到我"的悠闲与自在。

整个桃山村的氛围就是如此，祥和而宁静，天然地与世无争，这也是初踏入山谷的感动。尽管没遇到传闻中桃花开遍山野的盛况，但已摘了满怀沿着溪岸结实累累的小樱桃。据说入冬后，碧绿的山峦也会随着枫叶转黄，再随着圣诞红泛红，清泉幽谷确如"桃花源"；山地部族的单纯、天真也恰如不知有魏晋的"桃源人"……

但刚被遣送至此的张学良，发现自己离南京、离西安更遥不可及之后，写下了这么一首诗：

山居幽处境，旧雨引心寒。辗转眠不得，枕上泪难干。

毕竟他们夫妇不是出于自由意愿来旅游、来度假的，而且亦步亦趋有人盯梢，活动范围不能越雷池的，故纵然风景美不胜收，心情却是万般无奈与寂寥！

对张氏夫妇而言，丧失自由就是他们最坏的命运。

重返井上温泉　罚写回忆录

　　1947 年，台湾爆发"二二八事件"，让张学良、赵一荻还没落实的山居生活，受到不小的"冲击"。这起因烟贩被打死而衍生的政治事件，引爆岛内民众对国民党统治的不满，当时大部分地区仅靠警察维持混乱的秩序，局面几乎无法控制。军人出身的张学良似乎从中嗅到了什么……张学良后来对外讲述这次经历时说：

　　一旦到了最坏结果，我准备抢枪……

　　蒋介石很快得知张学良蠢蠢欲动的情况，立即召见负责看管的警卫队长刘乙光，态度严厉地告诫刘："以后非经我批准，任何人不许去见张学良！"

　　张学良之孙张闾实对这一段险些擦枪走火的情节如此描述：

　　当时的台湾情报机构收到密报，中共方面有可能派"突击队"混入人群中，强行将张学良接回大陆。台湾军统单位收到命令，在阻挡不了的情况下，要将

122

张学良处决。庆幸的是，新竹县的原住民，阻止了动乱的人群进入张学良被软禁的山区，也保全了张学良的性命。

1947年10月5日，张学良写了一封信给宋美龄，对家乡辽宁海城的牵挂，溢于字里行间：

夫人钧鉴：9月19日的手示敬悉，附所赐果物等及凤至来的药品统领到，夫人对良护念周至，使良感谢无极，展读手示再三，并阅剪报一则，闻道家乡事，心中情况难以笔述。夫人，大概您晓得海城是良的原籍，良祖父及上代的坟墓皆在该地，真不知今日是何景况，兹借东坡两句诗，可以代表良现下的心境："纵有锄犁及田亩，已无面目见丘园"。

从1948年开始，刘乙光对张学良的"管束"更加严密。很长一段时间，外界再无任何关于张学良夫妇的音讯，未经批准也没人胆敢前去探访。不过，仁慈的宋美龄也召见了刘乙光，询问张学良的近况，并要求对张、赵的生活给予更多关照。

由于张学良被囚禁于新竹的消息已经传开，基于"安全"缘故，1949年2月，张学良夫妇被紧急转移至高雄拘禁。一直等到蒋介石退守台湾，在高雄西子湾待了近一年之后，再以高雄要塞成为解放军空袭目标为考虑，于1950年1月27日重返井上温泉。同一年，蒋介石夫妇在大溪头寮接见张，这是迁台后第一次见面，也是西安事变后第二次见面，至此张已无性命之忧了。

这一段时间，张学良几度认为：可能有复出的机会，可能被释放，并想进"革命实践研究院"受训。但蒋介石始终对他不放心，命令他写一份关于西安事变的书传，且再三嘱咐"要真实写来"，时至1956年，正逢西安事变第20年。

但张学良回忆：

已数年从不再忆这个问题，躺在床上，前思后想，反复追思，真不知由何下笔。

他一度把蒋写得极尽伟大，说蒋"风采英俊、豪壮沉毅，谈吐非凡"。他的日记，也从1957年开始出现两个版本：一本是为自己写的，一本是为蒋介石写的。

根据史料记载：1936年12月12日凌晨5点，张学良与杨虎城以武力挟持蒋介石，胁迫蒋接受"先攘外再安内"的主张，震惊中外的西安事变爆发，导演这出戏的张学良，其实内心极为忐忑不安，他虽然经过数次折兵损将的内战，早对蒋的"安内"政策心生质疑与不满，但并无"拨蒋"意图，因此他很快发出一封电报给当时担任行政院副院长兼财政部长的孔祥熙，如此声明：

弟爱护介公，8年如一日，今不敢因公害私，暂请介公留住西安，促其反省，决不妄加危害。

另外发给宋美龄的电报则表明：

学良平生从不负人，耿耿此心，可质天日。敬请夫人放心，如欲来陕，尤所欢迎。

宋美龄闻讯后"不啻晴天霹雳，震骇莫名"，但是坚持"和平解决"问题，并迅速与宋子文、英籍友人端纳赶往西安救人。张学良与宋美龄结识于1925年，作风洋派的两人随即建立友好的情谊，张与宋子文也情同手足，加上威廉·亨瑞·端纳又同是蒋氏夫妇与张的顾问，多重的友好关系，令宋子文兄妹深信：张学良不会对蒋"不利"。

12月22日，宋美龄会见张时批评他"性太急切，且易冲动"，张向她申明兵谏"动机确系纯洁"，绝无"伤害委员长之意"，并表明"不要钱，不要地盘"，唯一目的是要求蒋答应抗日，至于签不签文件均可。宋美龄见张态度诚恳，"深信其言之由衷"，她希望张早日结束事变，让蒋介石安全离开。

张表示他个人"极愿立即恢复委员长之自由，唯此事关系者甚众，不得不征求彼等之同意"。当晚，张与杨等商谈后告诉宋美龄，杨虎城及其部将认为：

所提之一切条件无一承诺，遽释委员长，岂非益陷绝境？

12月17日，英国外交大臣艾登也建议：

由西方国家以保证张学良等安全离开中国为条件，释放蒋介石。

12月23日、24日，宋美龄两次会见周恩来。蒋指定宋氏兄妹作为代表与西安方面谈判。蒋希望双方商定条件，他以"领袖人格"担保，回南京后分条逐步实施，但不签署任何文件。此时，周恩来发现蒋非常思念长期遭苏联软禁的长子蒋经国，周迅速与莫

张氏夫妇休憩品茶的舒适角落，纪念馆也如实呈现。

斯科达成协议后，向蒋暗示："只要放弃武力剿共，可释放蒋经国。"蒋终于被迫答应"联共抗日"的主张。

同一时间，南京的政治委员会指派何应钦为"讨逆军"总司令。刘峙、顾祝同为东、西路集团军总司令，分别集结兵力，由东西双向，向西安进行压迫。

在内外情势利于蒋不利己的情况下，张学良能不放人吗？尽管杨虎城仍坚持要看到蒋签字的文件，才肯罢休。

12月26日，蒋介石终于获释回到南京。国民政府主席林森以及20万南京市民"兴高采烈地"迎接蒋介石"历险"归来。张学良被扣押时表示：

> 我自己做的事自己负责，我送蒋先生回南京是请罪，后事我都预备好了，我是准备被处死刑的。但蒋先生很宽厚，飞机到洛阳，叫我不要下飞机，他一直在保护我。

12月30日，国民政府任命李烈钧为审判长，对张学良进行军法会审。张学良被高等军事法院判处有期徒刑10年，剥夺公民权5年。他从宋子文公馆移住南京中山门外孔祥熙公馆。当天下午，蒋介石呈请国民政府"予以赦免"。

1937年1月4日，国民政府委员会一致通过特予赦免张，仍交军事委员会严加管束。徒刑有期限、管束没有期限。

之后，囚禁张学良的地点一再变更：1月13日，在戴笠陪同下，由南京乘专机到浙江奉化溪口镇雪窦山上的中国旅行社招待所。9月中秋节，张学良到妙高台过节，他写信给蒋介石，请求抗战。蒋要他"好好读书"。1938年1月，迁移湖南郴州苏仙岭。3月，迁移湘西沅陵凤凰山。1939年11月下旬，日军进犯湖南，张学良又被迁移贵州修文县阳明洞。

1946年，国共两党召开政治协商会议，中国共产党提出释放张学良的要求，但未获蒋同意。10月初，张学良先迁移重庆戴笠公馆，10月底即被带离重庆，飞抵台湾。

而另一位主角杨虎城将军，则于1949年10月，葬身在重庆松林坡公馆。杨虎城惨死的一幕，张学良很久以后才得知情况。

将军卸甲归田园　名媛卸妆做羹汤

早起打太极拳，及读书、写日记，是张学良每天的基本功课。虽然行动受到严密监控，但他还是可以到户外做一些舒展筋骨的活动，例如，打球，到溪边垂钓，在户外逗逗小猫等，甚至跨过吊桥到对岸的民居聚落去游逛，令单调的日子，不至于太苦闷。据在此地经营三毛"梦屋"的民宿主人张先生回忆：

张学良每次出门散步时，都不会随便和任何人接触，倒是看到我，一定会摸摸我的头，对我微笑，但印象中也没听他说过什么话。

当时张先生约 5 岁大，也许是自己的孩子一直无法跟随左右，所以张学良对小孩特别有好感，而且与孩童接触，也不会令看管的警卫队起疑。

而最能让张学良解慰思乡之情的，当然莫过于夫人赵一荻的厮守相伴。出生于 1912 年的赵一荻，比张学良小了 11 岁，是他的第二任妻子，陪伴张学良长达 72 年的岁月。

赵一荻出生于官宦之家，父亲赵庆华在北洋政府时代，历任津浦、沪宁、广九等铁路局局长，也曾任东三省外交顾问，官至交通次长，赵父为人为官清廉、耿介不阿。赵一荻因上有哥哥和姐姐，在姐妹中排行第四（幺女），家人昵称她绮霞或赵四，追随张学良之后，"赵四小姐"竟比本名广为人知。

1927 年春天，赵四 16 岁时于天津一场名流舞会上初识张学良，相识后两人时常到香山饭店的高尔夫球场打球。坐落在西山碧云寺旁的香山饭店，即赵庆华开办经营的。1929 年 3 月，张学良任东北边防司令长官后，便将赵四安顿在沈阳的北陵别墅。

赵庆华夫妇虽知张学良英雄少年，前途无量，但把女儿许配给有家室的张学良，似乎有失自己门庭清白的身份。于是一边修书与女儿断绝关系，一方面也借机急流勇退，辞去在北洋政府的官职，以避免政争嫌隙，可谓用心良苦。

张学良的原配于凤至比张学良大 3 岁，是父亲张作霖订下的亲事。张、赵并无正式的婚约，于凤至也只给予秘书的地位，但这些都没有动摇赵四对张学良的爱情，她心甘情愿以秘书身份陪伴张少帅。贤惠的于凤至终于被赵四的真情感动，还建议在少帅府东侧盖一幢小楼，让赵四居住。两人并以姐妹相称，和睦相处。1929 年赵四为张学良生下唯一的儿子张闾琳。

右　张学良每天早起都会打一套太极拳「八段锦」。

左　张学良在打羽毛球。

张学良在溪口幽禁期间，当局允许于凤至和赵四同住。两位商量之后，每月一替一换，轮流陪伴张学良，有时她们也一同留在丈夫身边。赵四曾一度为了照顾幼子，离开溪口，后因陪同幽禁3年的于凤至罹患乳腺癌赴外救医，才再度回返。

1940年冬天，赵四接到张学良的电报，她当时定居香港，衣食无缺、十分富裕，加上孩子需要母亲照料，不一定非顾及夫妻之情。但最后她选择母子分别，把孩子托付给信赖的美国友人后，从此就再也没有离开过张学良，一直陪伴到台湾到终老。

张学良把一切的希望和欢乐都寄托在赵四身上，赵四也尽心尽力给予最无微不至的安慰和照料。

定居井上温泉期间，赵四总是穿着一身粗布衣，脚蹬布鞋，洗尽铅华忙于家务，其实她天生丽质、高挑玉立，十四五岁时就曾经成为《北洋画报》的封面女郎，是一位曾经风靡北洋士绅、公子的名媛美女。她的行动也比张学良更自由些，每年都获准到美国去探望儿子，但总是飞去又飞回，仅仅在异地停留两三天，旋即回到丈夫身边。这份至情至性的体贴，一直为人津津乐道。

在清泉纪念馆的档案照片里，即可看到张氏夫妇家居生活、田园生活及休闲生活的一些面貌。譬如赵四手拿针线或踩着缝衣机缝制衣服；在院子里养鸡、喂鸡；夫妇两人一起种菜、耕作。赵四还留下涂指甲油的画面，及倚窗沉思的动人照片，想必她为了拍照，特别换上较正式的衣裳，尤其是旗袍洋装，毕现其姣好的身材。近40岁的中年女人，正是最富韵味的成熟美阶段，却只能供一人欣赏。

而来自东北的少帅公子呢？恐怕也不得不在田园生活中找乐趣、找希望吧，从几张张学良在溪边沉思、陪赵四种菜的照片，感受得到一名将军折腰的无奈。他毕竟不像陶渊明向往躬耕生活，或有修行向道之心，甘心做一名隐士。他渴望获知外界的消息，更

一	二
三	四

一　张学良溪畔沉思。

二　张氏夫妇一起种菜。

三　（左起）张学良、吴妈、赵一荻、刘乙光的合影。

四　赵一荻踩缝衣机。

渴望获得自由，所以体贴的蒋夫人送来一部收音机，也送来一棵圣诞树，让夫妇俩感受到一丝未被遗忘也未被遗弃的温暖。但是多疑的蒋介石，就是对张学良不放心。

1956 年 11 月 13 日，蒋介石单独召见刘乙光，询问张学良读书、身体等情况，并命刘向张宣布两项禁令："不准收听中共广播，不准同警卫人员接近。"

张接到命令后，颇有震雷贯耳之感，"反复思维，深自反省，决意自 11 月 16 日起，寡言，读书，默思，死里求生，改头换面，作一番复活功夫。"

他对西安事变的回忆就是在这种情况下开始的。

1958 年 5 月起，他陆续写信对宋美龄表白心声：

对人生已看透彻，对名禄之心毫无，而罪人受此优渥，十分不安。如仍能于人类与国家有贡献，则不计一切。

宋美龄温婉回应：

你的话，我一定转达。

1958 年 11 月，蒋介石终于答应安排时间，再度接见张学良。

11 月 23 日下午 5 点左右，在桃园大溪，张学良由蒋经国陪同进入行辕客厅，敬礼之后，一同进入小书斋，张学良说："'总统'你老了！"蒋回以："你头秃了。"寒暄过后，两人沉默了好一会儿。

时间一晃 20 多年，恩怨情愁才下眉头，又上心头。

不过这时候的蒋介石，已相信张学良彻底"悔悟"了，也准备让他迁往台北。张氏夫妇于 1957 年离开这个幽谷，先迁往高雄西子湾，到台北看病时则暂住北投区的"新高旅社"（北投禅园），自此进入另一段较自由的软禁生涯。

幸好张氏夫妇提早数年离开，1963 年，两人于此生活 11 年，苦乐参半的回忆，一瞬间就被洪水卷走了，但称、讥、毁、誉的评价仍将伴随他们的后半生。

张学良在唐德刚的口述历史中，对这个居住十余年的拘留地"井上温泉"说了这么一段话：

住在北投以后，我好像去过一回吧，那是发大水的时候去的，水把那房子都冲走了。现在又重新做了，不是盖那房子，重新做那温泉招待所，温泉已经开始做了，实在是很好经营的地方。经国他去过一回，我带他去过一回，我告诉他，让他看了，我说："这个地方，很好经营的地方。"……我是搁军事的眼光看，我说："如果作起战来，那个地方，那躲避炸弹最好啦。"

开放时间：周二至周日 10:00 — 17:00
地　　址：新竹县五峰乡桃山村清泉 256-6 号
电　　话：00886-3-5856613
注意事项：现场可自由拍照

三毛故居入口，以三毛为标示的门牌。

三毛的"清泉梦屋"

　　对于出生于五六十年代的读者来说，作家三毛的故事是一段绮丽隽永的传奇。对于新生代的读者来说，三毛就像天涯海角一颗璀璨的星子，生动、精彩却难以捉摸！因此，三毛的作品，从过去到现在，一直都是不褪流行的畅销书。她的故事，也一直是流行不褪的传说。

　　三毛算得上是台湾第一位女性自助旅行家，她的足迹遍及欧、美、非、亚等数十个国家。但却在 1983 年至 1985 年间，于台湾新竹县一个远离尘嚣的五峰乡桃山村落脚，并在此地筑起她的"梦屋"，这个因缘来自一位在台湾传教的神父丁松青。

左　这株肖楠树栽种于 1949 年。
右　三毛与丁松青神父摄于清泉吊桥上。吊桥
　　在桃山山谷是很重要的交通要道，跨越于
　　上坪溪的吊桥昔日有 4 座，张学良就常在
　　吊桥上散步；夏天的晚上，泰雅人还喜欢
　　在吊桥上乘凉聊天，甚至直接以桥当睡榻，
　　安眠到天亮。

惊艳绝美清泉　筑梦红砖老屋

　　三毛与美籍神父丁松青结识于兰屿，短暂的相遇、相聚互相留下美好的印象，也结下了往后逐日建立的深厚情谊。1976 年丁神父被派到清泉的泰雅族部落传教；鼓励丁神父写作，并为其翻译作品《兰屿之歌》的三毛也翩然来到清泉，原本只打算短暂停留、讨论翻译细节的三毛，完全没料到这一趟造访，竟让她爱上清泉部落的幽谷梦境，并结下不解之缘。

　　三毛在为丁神父翻译的《清泉故事》序文中写道：

　　清泉不远，台北出发是 10 点，竹东吃了午饭，办好入山证，慢慢开，停车看了一下路边商店挂着卖的冬菇和堆着的木材，然后进入无边无际的芒草深山，才不过下午 2 点多钟，世界已经完全变了。

　　几度在路边出现了人家，看到了炊烟，我的心禁不住有些情怯，就怕清泉来得太快。

　　1981 年，三毛决定结束流浪异国 14 年的生活，回台湾定居，她其实是怀着极深沉的悲痛回家乡的，因为挚爱的夫婿荷西·马利安·葛罗，于1979年9月30日中秋节，在西属拉帕尔岛的海域潜水时意外丧生。三毛历经第三度情感上的打击，不但亲自用手去挖荷西的坟墓，甚至一度想追随荷西远去。后来在双亲的扶持下返回台湾暂住，稍后又回到加那利群岛，但至死为止始终无法走出丧夫之痛。

1981年11月，台湾的《联合报》赞助三毛到中南美洲旅行，撰写《万水千山走遍》旅行文集，她应是在出发旅行前，来到桃山清泉探访丁神父。

丁神父得知三毛即将走访中南美洲，特别询问是否经过墨西哥，因为神父的家乡在圣地亚哥，紧临墨西哥边境，他期盼她顺道去看看自己的母亲，他离家流浪了17年，比三毛多了2年。

同为浪迹天涯的旅人，心念或许更容易相通，这也是三毛愿意为丁神父译书的原因，她在《清泉故事》序文最后一段说道：

丁神父，我们看上去国籍不同，语言各异，一生见面的次数又那么得少，可是你说的话，我怎么全能那么方便地就能懂？小王子说，有一些东西，用眼睛是看不见的，那么有一种语言，是否需要用心灵去听？我听了你讲的故事，有关那群有血有肉的人的故事，我懂了。

1984年初，三毛再度来到清泉，为丁神父翻译的《清泉故事》即将付梓，书中对清

三毛故居今日的红砖屋外观，依然没变。

泉的介绍，及这一趟与年轻泰雅族人相处 3 天的感受，竟让三毛"陷入一场恋爱之中——和清泉恋爱"。

第二天，三毛就在隔着河、正对着教堂的地方，找到她的"梦屋"，一栋又老又破的红砖房子，空置了数年，但因为坐落在悬崖上，可以俯瞰整个河谷及山峦的曼妙景致，令她惊艳不已！

丁神父记述当时的情景：

三毛在房子里来回踱着，好像对屋顶的破洞、倾颓的墙壁，和满地的垃圾视若无睹。她觉得这里太美了，迫不及待告诉我她打算如何整修房子，来变成她的梦中之家。

几个礼拜后，一群年轻人已开始照着三毛的蓝图，着手修复房子。这时候丁神父收到三毛的一封信：

关于那栋小红屋，小王子昨天对我说，他再去拜访驾驶员的时候，很愿意住在那里，一个人住，在那儿，他也可以种他的玫瑰……小屋有时可以开着门，因为狐狸可能在下午 4 点"准时"来找他。

三毛先为这栋红砖屋取名为"安静之家"，碍于太像墓园，改为"三毛的家"。红砖屋位于桃山村清泉 1 号吊桥上方 50 米处，离张学良故居仅几百米之遥。循着指标往小山坡上走，几个拐弯即抵达目的地，沿途仍保留不经雕琢的面貌，包括"三毛的家"亦然，一栋平凡老旧的红砖屋，因为三毛的临幸才有了供人凭吊的灵魂，古诗云"山不在高，有仙则名；水不在深，有龙则灵"，不正是如此吗？

敞开三毛的家　迎接寻梦旅人

红砖屋几乎保留当年的面貌，仅在宽大的露台上添加了一个大遮篷及围栏，昔日自然是天空为帐幕、丛生的野草野花作篱笆。但现在慕名而来的游客不少，基于安全考虑，不得不施以人工的修饰，也方便经营户外咖啡座，让游客愿意在此驻足、歇憩，品咖啡香、观云、赏景，体会三毛当年对于潺潺清溪、蔼蔼翠峦、袅袅云雾的感动与眷恋。

三毛说，安安静静地坐一个清晨再坐一个黄昏，在这里面，没有悲恸，只有平和。

故居空间不大，隔成一大一小间，三毛坚持为自己隔出一个小角落，她说："请让我和别人分开，我的角落就是我的角落。"室内也没有华丽的摆设，一派简朴与粗犷，长期浪迹天涯的三毛，已能处处为家处处家了。墙上展示着女主人的绘画作品与旧照片，还包括砥砺人心的箴言。一边浏览昔日的档案照片，耳边也不断回响着早年那些悦耳动

露台可以俯瞰上坪溪河谷，也可以眺望层峦叠翠，这才是吸引三毛入住的原因。现加上顶蓬及围栏，兼具户外咖啡座的功能。

听的校园民歌，《浮云游子》《如果》……当然少不了荡气回肠的《橄榄树》，这可是现任的管家徐秀容特别用心之处，感性又贴心的徐姐，为故居注入了更多浪漫的元素，因为这里是三毛"梦里的家"，这也是"梦屋"名称的由来。

三毛对于"树"似乎也特别钟情，在西班牙住家栽种的橄榄树，早成为流浪者思故乡的标志，而这栋故居入口处也有一株高大的肖楠树，据说三毛常喜欢流连盘桓其荫下，或静坐或冥想。她应不知梢楠树的身价吧？该只是被树木的奇香吸引吧？这可是台湾森林的一级宝物，因木质芬芳，木屑极适合作为燃香用品，素有"台湾檀香"的美名。

一般都说三毛在此地住了3年，其实她停留的时日并不多。这时候的三毛反而畏惧天天待在山上，无所事事地发呆或冥想。她虽爱恋清泉的一草一木，及年轻人的笑容与热情，但对清泉却有着"近乡情更怯"的矛盾。1984年5月27日，三毛在《联合报》发表了一篇文章：

亲爱的称呼我陈姐姐的青年朋友……在新竹县五峰乡清泉那个地方，有一幢叫作"三毛的家"的小屋，今后开放给你们。欢迎分享小王子的星空，在各位渴望回归大自然的情况下，请各位利用我不能享用一日的房子，作为大家的家园，在那个房子里，没有舒服的床垫，只有木板地，可是这一切不是受苦，请各位尝尝硬板地的坚实，诚心诚意留下了给各位度假，我的家，不再只是我的，是大家的。

更请你，当泰雅的朋友走出山区的时候，给他们一份小小鼓励和帮助，不要不认他们这一批泥巴做的真人。

这是我心爱的家分享给各位的条件，不再痛苦自己的离去，因为那个原先只为自己梦想的小屋，在这种处理上才有了真正的价值和利益。它是我目前最

一　当年留下来的椅子。
二　三毛自画像。有绘画天分的三
　　毛曾追随画家顾福生学习油画。
三　室内墙上挂满照片及作品。

不舍的一样东西，也许微不足道，但是对我，它已是全部的梦了。

　　这篇文章说明了三毛在此筑梦的原因，不再是为了自己。千帆过尽之后，她的心量已从一名跷家的女孩，变成人妇，再变成心怀大爱的"母亲"。而文章刊出后几年里，果然有上千个来自全台湾各地的年轻人，住过这个"梦屋"，享受过泰雅青年的热情款待，也在清泉温柔乡里做了甜美的梦。

　　30 年后，另一位心怀大爱的母亲徐秀容，也被这篇文章感动，来到这里，想为泰雅的孩子尽点心意。徐姐告诉我她想为孩子们成立剧团，现场贩卖的三毛文集也将补助孩子们的生活所需：

　　我好希望有更多像三毛对部落有爱的人来，我愿意接待他们，让整个部落成为每个人的心灵家园。

　　"三毛的家"果然具有传递梦想的魔力，它继续等着有心的旅人前来寻梦、编织美梦。

地　　址：新竹县五峰乡桃山村 16 部清泉 262 号
电　　话：00886-3-5856456；5856008
注意事项：现场可自由拍照，贩售点心及饮料

○四

北投安余生

北投温泉枕禅园——张学良台北故居

书法大师的梅庭——于右任台北故居

北投温泉枕禅园
张学良台北故居

　　台北市北投区一个美丽的路段"幽雅路"上，坐落着一栋风情万千的禅园，这是一家餐厅，其知名度，和一位名震两岸的历史人物有关，他就是"张少帅"张学良将军。张学良于1957年离开新竹五峰山的"井上温泉"后，又回到高雄西子湾住了3年，但到台北看病或办事时，都会被安排到当时称为"幽雅招待所"的禅园暂居，1960年正式迁入，从这时候起"管束期"已松懈，夫妇俩终于可以上街购物、下馆子、旅行，唯出门前仍需事先请示并受到监视。

　　禅园建于日本统治时期，初期称"新高旅社"，为一结合住宿及温泉浴的高级休闲场所，北投区属大屯山系的硫磺温泉，水质对于皮肤病及身心的舒解均具有特别的疗效，因此吸引不少当年的士绅名流在此宴会、泡汤。

左　少帅禅园入口。
中　如迷宫般的阶梯。
右　日式灰瓦、木构建筑。

　　1920 年旅社改成"日本军官俱乐部"，并于第二次世界大战期间，专门作为招待 神
风特攻队员的慰安所。神风特攻队属于日本空军的敢死队，其队员年纪均非常轻，多数
都还是处男之身。"二战"期间，黩武的日本政府，为了让这些出任务即等于赴死沙场
的空军官兵，获得心理的补偿，先让他们在出发前享受温泉浴，及女性的慰安招待，以
便无憾而光荣地就死，因此，这个俱乐部在"二战"期间几乎日日笙歌、夜夜觥筹交错！

日本军官俱乐部　安度劫后余生

　　1960 年移居北投，再度住进日本房舍的张学良，内心该是百感交集的。尽管这一栋日式庭园更为优美、舒适、宽敞，但张学良和日本人其实有着不共戴天之仇，因为父亲张作霖，早在1928年就被日军炸死于奉天的皇姑屯车站。

我恨日本军阀，一生主要就是抗日，心中最难过的就是抗日战争我没能参加。

遗憾不能参加抗日战争的张少帅，在1931年九一八事件爆发前，为了"要表明日本侵略而非维护其南满铁路特权"，对日本的侵略竟采取"不抵抗"策略，因此背负"不抵抗将军"的罪名，又在九一八事变发生后，撤军避免冲突，导致东北沦陷，令日军顺利扶植末代皇帝溥仪建立"满洲国"傀儡政权。接着，蒋介石命令东北军固守锦州，张再度弃守，带领40万东北军退入关内，日军很快占领东北三省全境。

"不抵抗"的历史争议，50年后由张学良在口述历史中证实：

完全出于自身误判的结果，并非蒋介石下令造成。

纵观张学良一生，先因"不抵抗日军侵略"成为历史罪人，后又为了"联共抗日"遭遇巨变，他的一生真是败在日本人手上，但身系囹圄之后，却又长期被软禁于日式馆舍之中，人生之无常与无奈着实难以预料！

晚年的张学良在做口述历史时，说了这么一段话：

老先生对我，该怎么说？那是对我百般呵护，很关怀。我有病，差不多是要死掉了，那他特别爱护我，还专程派了医生，中央医院的来看我。我到哪儿去，老先生甚至就到了台湾，他都是给我找最好的地方让我住。他自己亲口告诉这个陈仪①啊，要给我找个好地方住。

张学良果然明理，虽然骨子里恨着日本人，但他也心知肚明，当时的台湾，百废待举、物资缺乏、人民困苦，日本战败后遗留下来的官方庭园、馆舍，都是当时堪称最舒适、最雅致、也是最气派的建筑物，尤其是曾经作为裕仁天皇行馆的井上温泉及新高旅社（日本军官俱乐部）。

"新高"二字源自日本人对新高山（玉山）的喜爱，玉山是台湾第一高峰，"新高"即标志着最高水平的服务、最高水平的商品、最高水平的消费。新高旅社锁定的就是金字塔顶端的消费者，故招待的多半是来自日本的高级官员及富商大贾。而且以俯瞰台北盆地、观音夕照及地

---

① 陈仪，于1945年8月29日，获蒋介石委任为"台湾省行政长官"，之后又获派兼任"台湾省警备总司令部的总司令"。但对于1947年2月27日、28日发生之查缉私烟处置不当，造成台湾严重对立至今的"二二八事件"。

昔日警卫队宿舍，居高临下，可监控全区。据说警卫与张学良夫妇感情极为融洽，更像守护安全的朋友。此宿舍现改为"小六茶铺"，取自张之小名"小六子"，以提供茶饮及点心为主。

灰瓦层叠的主建筑物为张氏夫妇生活起居处及交谊室，现全面改为"汉卿美馔"餐厅，仅留下过去的卧房区作为展览室。

一　"少帅展馆"内外皆是欣赏"观音夕照"的最佳位置，远方静躺在关渡平原上的观音山，
　　形状极为清晰、完美。
二　"少帅展馆"外之休闲座椅。
三　"少帅展馆"内展示着张氏夫妇的部分遗物，这里即昔日的卧室。在书桌后的椅子上，摆
　　放着张学良与赵一荻合影的彩色图板。

靠窗的座位区，一样可以透过大片窗扉，欣赏关渡平原及观音山的美景。

热谷温泉为卖点，成为当时北投最豪奢的度假观光景点。

优雅气派的日式庭园，加上张少帅的知名度加持，在张学良偕夫人离开之后，台湾美食家梁幼祥，看上此处的价值及规模，1982 年旋即进驻，重新打造全新的"禅园花园景观餐厅"，并大胆以从未现身台湾餐饮界的"蒙古烤肉"招揽客人，打响餐厅的知名度。当时结伴络绎前来品尝美味的饕客，除了闻烤肉香而来，多数也为了张学良的传奇故事而来。

2010 年，梁幼祥结束营业，经营者更易，另以"少帅"为主题，再一次装潢改装，打造更高档精致的休闲景观餐厅，定名"少帅禅园"重新开张，并推出张学良夫妇的经典食谱，张学良在台北生活的点滴，经此拾遗修补，色香味俱全地呈现在游客、饕客眼前，走入少帅禅园，仿佛置身于一段扑朔又传奇的历史迷宫之中！

蒋介石不杀之因　宋美龄救命之恩

西安事变后，蒋介石为何不杀张学良，甚至要求当时的国民政府予以"特赦"，但特赦之后又不放，这在往后的政界及学界均不断引起揣测与议论，张学良在口述历史中透露国民党元老张群曾经告诉他蒋不杀他的理由：

你是个宝贝！谁把你抓住谁就有用。

而据说蒋介石到南京后，新仇旧恨齐上心头，之后赴溪口养伤，特别见了幽禁该地的张学良，事后蒋介石写道："汉卿①胆小怕死，狡狯糊涂，诚不可理喻也。"后来徐

---

① 汉卿，张学良之字，蒋宋两人均以"汉卿"称呼张学良。

年轻时的张学良。

永昌去看张，也认为张无"悔意"，不可轻放。

1941 年圣诞节，宋子文致信蒋介石，要求释放张，言辞恳切，蒋回道：

汉卿思想与心理至今仍未改变……恐此时一经出外，他受反动分子包围，于国与彼皆属不利。

张学良在西安事变发生前与中共关系较为友好，事变发生后，共产党方面又一再要求释放张学良，因此蒋介石深怕"他又乱来反乱了抗日大计"，故始终不肯放人。蒋戒慎恐惧多年并非毫无理由，事隔 55 年后，1991 年邓颖超写信邀张学良返国，张回文：

无限欣快。中枢诸公对良之深厚关怀，实深感戴。良寄居台湾，遥望云天，无日不有怀乡之感，一有机缘，定当踏上故土。

另外，张学良始终认为，蒋介石之所以不杀他，是因为有宋美龄的"保护"，他在获得自由后感慨地说：

宋美龄活一天，我也能活一天。

西安事变后我没死，关键是蒋夫人帮我。我认为蒋夫人是我的知己，蒋夫人对我这个人很了解，她说西安事变，他（张学良）不要金钱，也不要地盘，他要什么，他要的是牺牲。蒋先生原本是要枪毙我的，这个情形，我原先也不知道，但我后来看到一份档案，是美国的驻华公使 Johnson 写的，他写道：宋（指宋美龄）对蒋先生说，"如果你对那个小家伙（即张学良）有不利的地方，我立刻离开台湾，还要把你的事情全都公布出去。"

1925年东北军打败孙传芳后，张少帅首次进入上海，首次和宋美龄相遇。宋美龄当时未婚，在上海是才貌双全的名门闺秀，两个人当时都只有20多岁，张少帅一见到宋美龄，立刻为她出众的气质倾倒，赞她"美若天仙"；宋美龄也欣赏张学良的风度翩翩，称他为"莱茵河畔的骑士"。此后两人频频约会，宋美龄经常与少帅结伴出入于上海的社交界，张学良从少年起就在基督教会接受洋风的洗礼和熏陶，故表现得非常得体，跳舞、游泳、高尔夫球，无不精通，两人一时成为十里洋场上最耀眼的明星。

张学良晚年回忆这段往事时，完全不忌讳赵一荻在场，情不自禁脱口说道："若不是当时已有太太，我会猛追宋美龄（这些蒋介石都不知道）。"当时蒋介石也正在追求宋美龄，时任上校的蒋介石，也是一颗冉冉上升的政治明星。

张学良之侄张闾实也曾回述：

宋美龄与张学良都很洋派，打网球、玩高尔夫、跟外国人交朋友，两个人在观念上是很像的。西安事变发生时，张学良与宋美龄之间用英文对话，蒋介石听不太懂，杨虎城则完全不懂。西安事变中的很多决定，比如送蒋介石回南京，都是张学良与宋美龄沟通的结果。

宋美龄不只是张学良的救命恩人，对于张、赵的信仰及婚姻，也扮演重要的主导角色。张学良原信奉佛教，在台湾幽居期间也喜欢参研佛经，后来受到宋美龄的影响，和赵四两人逐步信仰基督教。迁移北投后，张学良想接受洗礼仪式，但宋美龄却要求张必须先与元配于凤至离婚，并与赵四结婚后，才能接受洗礼成为名正言顺的基督徒。

赵四与张学良从1927年在天津相识，后经沈阳、北平、西安事变、台湾幽禁，整整历经半个世纪的苦恋与煎熬，始终得不到正式合法的张夫人之位，一直屈居"秘书"身份。宋美龄决定介入，完成赵四的终身大事。

据说多情的张学良对于要在于凤至和赵四之间做出"离"与"结"的选择时，心情竟格外沉重。他执笔写了一封信给前妻，并由美国前来探亲的长女转交。张学良对女儿说：

闾瑛，爸爸老了，我最大的心愿就是能成为一名虔诚的基督徒。因为你妈和赵四的原因，牧师不肯为我进行教徒洗礼。这封信带给你妈，就说我请求她帮我下决心吧！

于凤至接获信件后，做了这样的答复：

你们之间的爱情是纯洁无瑕的，堪称风尘知己。尤其是绮霞妹妹，无私的牺牲了自己的一切，任劳任怨，陪侍汉卿，真是高风亮节，世人皆碑。其实，你俩早就应该结成丝梦，我谨在异国他乡对你们的婚礼表示祝贺！

自称是年少轻狂的花花公子的张学良，有幸得到两位贤德的红粉知己的体贴、相伴，尽管半生遭到幽禁，也足以弥补些许遗憾了吧！

1964 年 3 月，结发妻子的离婚证书从美国寄到张学良手中。1964 年 7 月 4 日，张学良与赵四正式结婚。

两人的结婚典礼在台北市杭州南路美籍友人吉米·爱尔窦①的寓所举行，来宾有宋美龄、张群、王新衡、何世礼、张大千、莫德惠、冯庸、黄仁霖等人，由陈维屏牧师证婚。由于赵四在台湾没有长辈为她主婚，因此请黄仁霖②作为代表。

早在西安事变后，张学良被押解到南京时，即由吉米·爱尔窦开车，将黄仁霖、张学良等接到城内，黄仁霖在张学良心情不佳时，送给张学良一本《圣经》，并在扉页上赠言："我希望这本书能帮助你，就像它所帮助我的一样。"

虚名误人深　世事如浮云

从少帅禅园入口拾级而下，经过售票处，还未找到餐厅的门径前，到访者都会先被一对踞立在山壁石座上的白天鹅塑像吸引，成对的白天鹅仿佛张氏夫妇鹣鲽情深的写照。

经过天鹅旁的阶梯往上走，一方宽敞的平台展现眼前，林木修葺整齐得令人意外，成排的柏树像戍守的卫兵，横展左右两列，一尊戴着军帽、身着戎装的半身像端立正中央，百年之后的张学良，竟仍获得如此悼念的排场，可见蒋介石对他真是"杀之不忍、放之不甘"！

塑像两边各有一副张学良表白心迹的对联，自况联写着：

两字听人呼不肖　半生惧（误）我是聪明

张学良被监禁以后一直不愿谈政治问题，可以公开露面后也不愿见记者。因为记者只会问他对于西安事变的感想，他曾对一位朋友吐露心声：

这要我如何回答呢？如果说我是一时冲动，显然是骂我自己无能；如果说是老先生该被扣留，显然表示我还没有承认错误，与我当时亲自护送老先生回南京的心愿不符。所以，我绝不能见记者，因为我怎么说都不行。

这段表白正是此副对联最好的批注。口述历史学家唐德刚也如此评价张学良："如果没有西安事变，张学良是 nothing。"张学良是个矛盾的人，一生经历也集矛盾之大成。

都说张害蒋失天下，其实是蒋失天下而成全张的令名；都说张让共产党坐大，

---

① 吉米·爱尔窦为美籍医生，他和宋美龄与张学良、赵四是多年的好友，宋美龄主张在其宅第为张、赵举办婚礼，是为了不让太多人知道此事。宋美龄早年几次赴美国访问，她的随行人员中都有这位医术精湛的医师。

② 黄仁霖，在国民党军政界的职务不高（退休前的最高军衔是中将），但是其独特的经历，他的回忆录却足以填补中国近现代史资料中的某些空白。例如：九一八事变后他陪同国联密使装扮成教会人员，冒着巨大风险潜入沈阳城秘密调查日军侵略实况，国联依其调查报告派出"李顿调查团"来华；西安事变的第二天，他即受宋美龄之托与端纳飞赴西安，在见到蒋介石之后也被张学良扣留，12 天后与蒋介石、宋美龄飞离西安。到南京又负责软禁少帅。多年后，他又为赵四小姐主持婚嫁。

整理得极为庄严的「少帅纪念亭」。

「少帅纪念亭」中的张少帅的中年铜像。

其实是共产党后来的成功，成就了张的传奇，张又长命，让这个传奇跨越了一世纪，而他的故事，还可以说很多、很久。

与唐德刚观点类似的学者也认为：

以张之本性最适合做一个声色犬马的公子哥儿，可现实偏要压他一肩的戎马战事和国恨家仇，更遇上九一八事变，不抵抗的罪名令他几成民族公敌；西安事变促成了抗日统一战线，他自己却从此被幽禁半个世纪，也因此赢得了世人的敬重。

另一副挽蒋介石联的两句：

关怀之殷情同骨肉　政见之争宛若仇雠

1975 年 4 月 5 日，蒋介石逝世于雷电交加的风雨之夜。张学良对蒋的评价是"有大略而无雄才"而且"就剩个派头"。

1936 年 12 月，张学良送蒋回南京被扣，后被押上军事法庭受审时，就只承认有对蒋介石不恭之罪，唯独不承认自己的主张有错。他坚持：我们的主张我不觉得是错误的。

晚年时甚至毫不讳言：

西安事变是因为自己"火了"，想教训一下蒋介石。

1990 年，张学良在接受日本 NHK 电视台采访时也说：

我为了停止内战，全国抗日，发动西安事变，我没有错。也许方法欠妥。

1992 年，张学良在唐德刚的口述历史中说：

至于你们问我，为什么会有西安事变，我只能这么说，我相信中国一定要统一，要枪口对外，不要再打内战了。这是我的一贯信仰，从东北易帜到西安事变都如此，谈不上什么后悔不后悔。

1995 年，张学良于 95 岁生日时依然如此表白心声：

回忆近一个世纪的人生历程，我对 1936 年发动的事变无悔，如果再走一遍人生路，还会做西安事变之事。

不过张学良也为自己的一生下了这样的批注：

我的事情是到 36 岁，以后就没有了；从 21 岁到 36 岁，这就是我的生命。

短短 15 年，轻狂冲动，只有雄才而无大略的青年岁月，张少帅竟活得如此猛浪而传奇，屡次扭转了中国近代史，也改写了世界历史。在人才辈出的中国近代史中，"少帅"张学良的故事，算是一段传奇吧！

张氏夫妇迁移北投之后，两人终于缔结连理，也正式成为基督教徒。他们曾用化名出席台北市多个基督教徒的聚会。张学良化名为曾显华，以纪念东海大学校长曾约农、蒋介石英文老师董显光及牧师周联华；赵四化名为赵多加，以纪念得救后重获新生。赵四热心传播福音，除了家庭礼拜外，并写了多本见证集如《好消息》《新生命》《真自由》《大使命》《毅荻见证集》等，这些见证集也披露了不少发生于幽居时期两人的伤病史。

1990 年，张学良 90 岁生日，两人终于脱离幽居生涯得以公开露面，并于 1993 年迁居夏威夷定居，每个星期他们仍准时去教堂参加礼拜活动。

2000 年 5 月 28 日中午，百余位亲友们为张学良庆祝百年寿辰，并在宴会之前开放 10 分钟的时间供媒体拍照，这是张学良和赵四两人最后一次联袂公开露面。祝寿活动之后，88 岁的赵四下床时摔了一跤，几天后呼吸困难，于 6 月 11 日住进夏威夷檀香山的史特劳伯医院（Straub Hospital）加护病房。6 月 22 日上午 11 时，脉搏跳动仪器显示赵四已离开人世，但张学良一直握着妻子的手将近 1 个小时，才在众人的劝说下离开医院，"执子之手，与子偕老！"

张少帅则于 2001 年 10 月 14 日 14 时 50 分，逝世于同一家史特劳伯医院，享年 101 岁。而于凤至早在 1990 年 1 月 30 日，于睡梦中悄悄长眠。

张学良死而无憾吗？有的，当年他何尝不希望被蒋介石特赦后能安全返回西安，可惜蒋介石并没有遂其心愿，张学良对此耿耿于怀。早在 1937 年他就曾对邵力子[1]表白过内心的失望与无奈：

这次冒生命危险，亲自送"委员长"回京，原想扮演一出从来没有演出过的好戏。如果"委员长"也能以大政治家的风度，放我回西安，这一送一放，岂不成为千古美谈！唉，真可惜呀，一出好戏竟演坏了！

这出演坏的戏却令好事者嗑牙至今。

开放时间：少帅展馆 10:00 — 21:00PM.
　　　　　汉卿美馔 12:00 AM — 14:00 PM 18:00 PM — 21:00 PM.
　　　　　双喜汤屋 11:00 AM — 22:00 PM
　　　　　小六茶铺 14:00 PM — 18:00 PM
地　　址：台北市北投区幽雅路 34 号
电　　话：00886-2-2893-5336

---

[1] 邵力子于 1882 年生于浙江绍兴，自幼习诵诗文，早年参加同盟会。在他漫长的一生中，不仅与蒋介石有过密切的交往，被蒋介石委任过各种要职，而且与毛泽东也有过不少接触，私人交情也很好，也被毛泽东委任过各种要职。

书法大师的梅庭
于右任台北故居

从 1895 年至 1949 年、甲午战后至台湾光复，这一段逾越 50 年的悠悠岁月，日本人在台湾留下最具体又鲜明的遗物就是建筑，不论是纯日式的和风建筑，或仿巴洛克风、维多利亚风的西式建筑。加上日本人独钟的温泉养生风尚，位于北台湾温泉胜地的"北投"，也成为日式建筑的集散大本营。

因此，如果以"北投"作为观光旅游的据点，除了预订温泉旅店泡汤、享用美食之外，前往洋溢着日式风情的古迹，寻故事、访名胜，更令人回味再三。北投区最知名的日式庭园，除了前文介绍的禅园，另一栋则为毗邻温泉博物馆的梅庭，一座冬天可以赏梅，夏天可以听泉的复合式日本古宅。

建于 1930 年的梅庭位于北投公园的腹地内，距离北投捷运站（地铁站）仅 10 分钟的路程，出了捷运站，只需拨开水泥丛林，往绿林密集的方向探寻，就可以发现一条与

左　梅庭入口处，位于北投中山路上，此路可通往"地热谷"及其他知名的景点。
右　于右任手书"梅庭"二字。

北投溪平行的中山路，沿路经过北投公园、温泉博物馆、露天温泉汤区后，以温润的行楷书写的"梅庭"二字即映入眼帘，此二字出自当代书法大师于右任之手。

允文允武美髯公　客居梅庭避世风

由于台湾潮湿多雨，北投地区又终年萦绕着硫磺泉气，日本人顺应北投溪畔的气候、地形，建造出中西合璧的改良式梅庭。建筑体分上、下两层，上层采日式的木架结构，开设着大面积的木造落地窗，呈现古朴典雅的怀旧风情；下层采西式钢筋混凝土结构，可以直通后院，作为防空避难室之用。

从2006年起，经过整修与扩建，昔时面对中山路的入口门扉已经封闭，参观路径改由侧边新设的大门进出，侧院本然开阔，改成迎宾的前庭，既具观光胜地的气派，也方便接纳络绎不绝的游客。

步上红砖前廊，扩建后的梅庭也设了一个宽敞的换鞋区，称为"踏入"，作为脱鞋、赤足入宅的玄关，为和风建筑中必设的隔局。这其实是源自中国秦汉以至隋唐时期的生活习惯，由赴唐朝学习中国文化的日本学僧带回东瀛，慢慢形塑出日本的文化内涵。因此，日式建筑美学与居家风尚，也可说是大唐文化的遗范。而后，随着日本统治台湾半世纪的光阴，台湾现代家居设计，也衍生出流行一段长时间的和室隔间。

这栋私人住宅，从 1952 年起，成为"监察院长"于右任的办公处所，并作为避暑、避寿、避请托的别馆。而"梅庭"二字既是于右任所书，名字应该也是于右任所取，传统的中国文人鲜少不爱梅花，于右任也不例外，加上庭院几株梅树立景添色，日本统治时期的豪邸改称"梅庭"，更具名副其实的风情。

整修后的庭舍，为便于维护，已将原本的榻榻米拆除，改成木地板，并参照昔日的格局及门框、梁柱位置，规划成 4 个展示区。各区之间原有的门扇、构造及对外的大型落地窗，也悉数保留，以还原古迹的原汁原味。

在玄关与内室的隔间墙左边，挂着一对高过人身的巨幅对联，简单 10 个字道尽了于右任一生的行谊及风范：

道积宜蒙福　德盛自延年

据右老之子、美国太空总署工程师于中令回忆：

这里是父亲与地方人士交流的场所，不少人向他求墨宝，父亲几乎都是现场挥毫，成为文人、书法爱好者的聚会场所。

现在装置着解说电视广告牌的展示区，应是昔日会客的客厅，大片的木格落地窗，可以引入户外的阳光、空气及盎然绿意，相当舒适宜人。现在摆放其中的座椅，自然成为游客追忆故事的沐化之座。

于右任以美髯公的造型闻名，望之仙风道骨，在"国民政府"位居"三公"① 之位也长达半世纪，为官清廉，两袖清风，身后无片瓦寸土留予子孙。生前送出的书法墨宝，为数逾十万，也多不取分文，反而留给索求者一项增值的艺术品。"梅庭"开馆咨询委员王士仪赞之：

综观其一生，凡立功、立德、立言，皆不足以概其美。诚然右老是中华近代巨塔型人物，塑造中华现代文化形象的代表者。

1879 年，于右任出生于陕西三原地区的一个赤贫家庭。2 岁丧母，由伯母抚养长大。

---

① "国民政府"的"三公"为"行政院长""立法院长""监察院长"。

靠窗处为播放于右任生平故事的电视区，几张舒适的座椅，供人休憩、观赏影片介绍。

5岁牧羊时遇狼袭，死里逃生。7岁入私塾，11岁当纸炮小工，1895年以第一名成绩考入县学，成为秀才。1898年参加岁试，又以第一名补廪膳生，陕西提督学政叶尔恺誉为"西北奇才"。

1900年八国联军攻陷北京，于右任认清了清廷的腐败，写下不少忧国忧民、抨击时政的诗篇，编成《半哭半笑楼诗草》，于1903年印行。次年，清廷下令缉拿。于右任化名刘学裕，先入震旦学院读书，后又另行筹组复旦公学及中国公学，为反清的革命运动培育出一批精英，尤其是投入黄花岗之役的热血青年。

1906年4月，为开辟革命言论的战场，于右任赴日本考察新闻并募集办报经费，结识孙中山，加入中国同盟会。孙中山委以长江大都督之职，负责上海一带的同盟会事务。于上海期间，于右任先后创办《神州日报》《民呼日报》及《民吁日报》，积极揭露清廷的腐败与无能，也因此数度进出监狱。

1910年10月11日，于右任又创办一份发行量更大的《民立报》，并以"骚心"为笔名，在报上先后发表近300篇文章，对清王朝的统治进

北伐统一后，于右任历任审计院、监察院院长，是国民政府的重要决策人物，前后共任监察院院长34年。此照片是1948年春于出席在南京召开的第一届「行宪国民大会」，与孙科、李宗仁、程潜、莫德惠、徐傅霖6人竞选副总统，落选后仍继续担任监察院院长。

行猛烈的抨击，这些文章着实感动、激励了当时的学子与民心。《民立报》发行的两年，是于右任最意气风发的岁月，此报不但成为革命党人联络指挥的中心，而且让他赢得"记者之父"的殊荣。

1911年武昌起义爆发后，孙中山从国外回到上海，首先到报馆会见于右任，并以"戮力同心"4字，嘉勉他及《民立报》对辛亥革命的贡献。"二次革命"失败，报社被查封，于右任避居日本，从事反袁世凯的军事政变。

1918年，于右任就任陕西靖国军总司令，孤军与军阀对抗，成为北方地区唯一响应孙中山护法运动的军事、政治力量。

1922年5月，靖国军解体，于右任回到上海协助孙中山进行中国国民党的改组工作，并担任上海大学校长一职。

1926年，国民革命军北伐失败。于右任绕道蒙古、俄罗斯，誓师五原，收集国民军余部，组成联军，率领7个师的大军，解除西安之危。次年再与北伐师会师郑州，完成国民政府的统一大业。

连缀前述的历史片断，足可显示于右任允文允武、亦儒亦侠的旷世才华与情操！

一代草圣立典范　诗坛盟主效云鹤

再度到访梅庭这一天，适值闭馆整修数月后、重新开放的首日，管理单位特别举办于右任书法展，在各展示空间挂满或苍劲，或温润，或朴拙，或行云流水的各色书法与诗文，一飨驻足观赏、揣摩的后学。

一生参与革命运动，也长期担任政府要员的于右任，其作为书法家的名声，其实超过了作为政治家的名声。早在 20 世纪 20 年代便有"北于南郑"之称，"南郑"指郑孝胥①。他精通书法，对魏碑下过很深的功夫。有研究者如此形容：

清代中叶以来，学魏碑而能出己意者，还是寥寥。他满带"碑味"的行草书，可以说是风格独具。尤其是行书，中宫紧促，而结构多变。

在一种看上去十分随便不经意的把握之中，获得一种奇绝的、从容大气的效果。

于右任的书法艺术，分为两个时期：一是以魏碑为基础，写出具有强烈个性的行楷书时期；二是创立标准草书的时期。

1932 年，在上海创办"标准草书社"，以易识、易写、准确、美丽为标准，全面系统地整理历代草书，从浩繁的书法名家作品中，遴选出符合标准的字，集成《标准草书》千字文。此外，又逐步总结出篆、隶、楷、行与草书之间对应的规律性符号，架构了书体衍化的脉络。

虽说如行云如流水的草书，不应以"标准"去局限、去框架，而滞碍了写意、写逸的精神，但令草书规范化，却能让学习者轻松入门。《标准草书》于 1936 年在上海出版发行，尔后不断再版，对书法界影响深远。

著名书画家刘延涛对《标准草书》推崇备至：

发千余年不传之秘，为过去草书作一总结账，为将来文字，开一新道路，其影响当尤为广大悠久。

---

① 郑孝胥有两方面的才能，一是古体诗，二是书法。为诗坛"同光体"倡导者之一。书法与于右任并称，工楷、隶，尤善楷书，取径欧阳询及苏轼，而得力于北魏魏碑体。所作字势偏长而苍劲。

位于中间的走道区（通往昔日大门），作为艺术长廊，正在展出于右任的书法作品。

于右任的草书"根基于魏碑，宗法于章草，融会四体之妙，博采众家之长"，创作出不相连属的今草。但由章草入今草的笔势仍时时流露，且笔笔中锋，精气内蓄，墨酣力足，予人以饱满、浑厚的精神，恰如其人。

到了晚年，书风更臻出神入化的境界，熔章草、今草、狂草于一炉，或雄浑奇俊，或潇洒恣漫，或简洁质朴，变化万千。自明代董其昌以降三百年，真正能承先启后、推陈出新、自成一家者，仅于右任一人，因此博得"当代草圣""当代书圣"的美誉。

于右任生前并不吝惜自己的笔墨，有求必应，故求字者极多，在不少公务单位、私人商家、庙宇如"行天宫""普济寺""鼎泰丰""台湾电力公司"，均留下宝贵的题字。

他担任"监察院长"时，看到随政府来台的外省籍员工，有随处小便的劣习，遂提笔写下"不可随处小便"的字条公告张贴。没想到这张字条竟被"监察院"员工撕下当墨宝收藏，再复印剪贴成"小处不可随便"的励志格言。可见当时官员之素质，也为严肃不苟的生平，平添趣闻一则。

林语堂曾评价：当代书法家中，当推"监察院长"于右任的人品、书品为最佳模范。

梅庭并非于右任生前的故居，而是他担任"监察院院长"的办公处所，这或许是蒋介石对书法大师的礼遇吧，知其生性高洁，不喜官场文化，故另辟此幽逸闲庭，供其处理公务及创作、挥毫，尤其是避官场之关说、褥节。

办公室位于终端，极为宽大，左边摆放着一张桌子，桌上放着于右任的墨宝，及一张他在青田街家中挥毫的照片，背墙挂了他的碑书对联及一幅拙趣十足的行楷字。碑书对联写道：

云鹤有奇翼　飞鸿响远音

于右任常在书帖中以"鹤"自况，如同与他并称的另一位美髯公张大千，都追求"鹤"所代表的清高旷达之志节。书法大师与绘画大师形象一致、互相敬重的情谊也值得一提：两人除了从年轻开始，即蓄留一腮的长胡子，身材高大的右老也日日穿着一袭长衫，或于右任的办公室相当宽大，现在除了陈列一张办公桌、陈列品，以及接待座椅，别无长物。

他的小立身肖像置于桌旁小柜子上。办公桌背后挂着「碑书」与「草书」两种风格的作品，

罩上一件马褂，同张大千一样不穿西服。张大千在敦煌临摹壁画时，他曾经前往探望，尔后更倡议设立"敦煌艺术研究所"，肯定张大千的事功。于右任还写了一首《浣溪沙·寿大千先生六十》，向小他近20岁的张大千祝贺生日。

上将于今数老张，飞扬世界不寻常。

龙兴大海凤鸣岗。

作画真能为世重，题诗更是发天香。

一池砚水太平洋。

于右任本身也是文物收藏家，收集的魏碑多达380余万片、拓本数千幅，这些文化资产，他也无一私藏，分别捐赠西安碑林博物馆，及一手创办的西北农业大学。他也是诗坛盟主，陆续创作多达1200余首诗词，并擅长对联，联语甲天下，著作有《右任诗存》

展示区展示着放在桌上的书信墨宝，及一张摄于青田街老家的照片。

右《题民元照片》书迹。

左 1959年春，台北历史博物馆首次举办张大千画展，于右任主持揭幕式。此照片摄于台北松山机场，左起为张维翰、于右任、张大千、张目寒、张群。

《右任文存》《右任墨存》等。

民国元年，孙中山在上海家中宴客，也是座上宾的于右任后来写了一首《题民元照片》，以为纪念，因照片中人多已作古，诗文充满了对革命岁月的怀念，意气昂扬、洒脱不羁，应是最为时人称诵的一首：

> 不信青春唤不回，不容青史尽成灰。
>
> 低回海上成功宴，万里江山酒一杯。

由于右任所写的诗词，多充满着思念"神州"、怀念"故乡"的依依情怀，故又被推举为"小放翁"，如同第二位爱国诗人陆游（号放翁）[1]。例如以下两首：

---

① 陆游出生于南宋、金两国南北对峙的年代。其时战争频繁、朝政黑暗、人民痛苦。因此，他一生以诗文为武器，反复呼吁国家统一，整顿朝纲，减轻赋税，发愤图强。诗风继承了屈原、陶渊明、杜甫、苏轼的优良传统，可谓各体兼备，无论是古体、律诗、绝句都有出色之作，其中尤以七律写得又多又好，是中国文化史上一位具有深远影响的卓越诗人。

47 年重九北投桥园

年年置酒迎重九，今日黄花映白头。

海上无风又无雨，高吟容易见神州。

望 雨

独立精神未有伤，天风吹动太平洋。

更来太武上头望，雨湿神州望故乡。

长夜悬念妻形影 愿葬高山望故乡

庭园宽阔的梅庭，有终年绿蜡的参天古木，有冬绽白梅夏戴绿帽的秀逸梅树。清澈湍流又富饶温泉资源的北投溪涓涓过庭，自然野趣与人文底蕴，交织出谐和又恬适的氛围。

今年 4 月间，到梅庭参访时正值梅雨季节，右老办公室窗外的红砖露台，因雨水浇淋，湿漉了一片，那番情景，让我联结起一段电影般的往事：

1949 年 3 月 26 日，一个雷雨交加的清晨，南京城几乎淹浸在大雨中，"监察院院长"于右任冒着雨急忙走进办公室，据说他的脸色和天色一样阴沉。进办公室后，泡了一杯茶，捋了捋长胡子，坐到桌前，立刻奋笔疾书，很快写好一封"辞呈"。

国民党的军队已如骨牌般崩倒，于右任只能以"辞呈"表达内心的失望、愤怨和抗拒。辞呈递上去之后，立即在南京政府内投下震撼弹。朋友和部属们纷纷前来劝阻，已宣布下野的蒋介石也派人劝说。

于右任身不由己，只好打电话给当时的"代总统"李宗仁，收回辞呈。

4 月 21 日，人民解放军渡过长江。

种植梅树的后院，紧临北投溪，景象开阔、舒心。

客厅陈列柜内，展示着于右任的作品，及一张与儿孙合照的相片。独缺留在西安的妻女未能入镜。

国民党败局已定，于右任并不想随着残兵败将南迁，他想留下来与蒋介石划清界限。但在情势逼迫下，先飞往上海，暂住次子于仲岑家中。

在上海待了不久，又得打包离开了。但妻子、女儿没跟在身边，令于右任非常挂心。在蒋介石一再催促下，无奈再搭专机飞往广州，几个月后飞往台北。

11 月下旬，接获妻子和女儿在重庆等他的消息，于右任立即从台北飞回重庆接应。未料，妻女因苦等不到音讯，又去了成都。他十分后悔与懊恼，悻悻地对随行人员说：

我要是早来几天，就见到夫人了。

11 月 29 日，解放军攻打重庆的炮火越来越吃紧，于右任苦寻不到妻女，黯然乘飞机返台。这一走，就再没有机会回归故园，与妻女也从此两岸分离。

对夫人用情至深的于右任，在台湾居留 15 年的时间，无时无刻不思念夫妻情深的过往，犹如这首《思念内子高仲林》所写：

梦饶关西旧战场，迂回大队过咸阳。

白头夫妇白头泪，亲见阿婆作艳装。

除了寓相思于诗文，仅能再透过香港的朋友吴季玉，按期转寄生活费给留在西安的妻女。据说同样痴情的于夫人，每天也都会到村子口的桥头上，枯坐等待夫君归返，直至离开人世为止。在她过世后，邻居们都不忍心去坐那块经她长年累月久坐，磨出光滑质地的石头。

1958 年，于右任于结婚 60 周年前夕，从保险箱取出妻子早年为他缝制的布鞋、布袜，抚视良久，老泪纵横，再写下感人肺腑的诗句：

两戒河山一枝萧，凄风吹断咸阳桥。

白头夫妇白头泪，留待金婚第一宵。

晚年，自号"太平老人"的于右任非常渴望叶落归根，但终未能如愿。1962 年 1 月 12 日，他在日记中表白：

　　我百年之后，愿葬玉山或阿里山树木多的高处，山要高者，树要大者，可以时时望大陆。我之故乡是中国大陆。

　　不久，又写下一首感情更加浓烈的诗作《望大陆》[1]，被形容为"触动炎黄子孙灵魂深处隐痛的绝唱"，这时的于右任也已垂垂老矣、日薄西山了！

　　葬我于高山之上兮，望我大陆。

　　大陆不可见兮，只有痛哭！

　　葬我于高山之上兮，望我故乡。

　　故乡不可见兮，永不能忘（望）。

　　天苍苍，野茫茫，

　　山之上，国有殇。

　　1964年11月10日，于右任因拔牙引起发炎高烧，病逝于台北荣民总医院，享年86岁，葬之于阳明山上。1966年，台湾的教育主管部门在海拔3997米的玉山顶峰，竖立一座面向大陆的于右任半身铜像。玉山山势险峻，4米高的铜像和建材，完全由登山协会的会员们一点一点背负上去，终于圆了于右任"望大陆"的遗愿。

　　1996年，两名"台独分子"反对于右任的思"陆"情结，大肆破坏并推倒这代表"中国魂"的铜像。

　　在台北市敦化南路和仁爱路交叉口的圆环内，原来也立了一尊于右任的全身铜像。至陈水扁担任"台北市长"时（1994—1998年），以"妨碍装置元宵节灯饰"为理由，把铜像移到"台北中山纪念馆"放置，幸好这个铜像完好如初，未再遭到破坏。

　　传闻于右任病重无法言语时，曾伸出三根手指头向部属杨亮功示意。杨亮功一直不得其解，后来资深报人陆铿解读"三个指头"应表示：将他的灵柩运回大陆，归葬于陕西三原县故里。

　　"三间老屋一古槐，落落乾坤大布衣。"是西安乡闾人士对于右任一生的评价。这也正应了他自己写过的诗联：

　　天机清旷长生海　心地光明不夜灯

开放时间：周二至周六 9:00 — 17:00
地　　址：台北市北投区中山路6号
电　　话：00886-2-2897-2647

---

[1]　2004年，于右任前侍卫官张佐鹏，将这幅《望大陆》手稿带到大陆展出，展出后即捐赠给位于西安的"于右任故居纪念馆"。

北投温泉博物馆

北投温泉博物馆的前身是北投温泉浴场，建于 1913 年 6 月 17 日，占地约 2100 平方米，为欧式的砖造建筑，是当年台湾最大的公共温泉浴场。因为北投区富产硫磺泉矿，日本统治时期的台北州厅遂运用公共卫生经费，仿照日本静冈县伊豆山温泉馆的模式，兴建这个高级的豪华浴场。

建筑物共两层，一楼为砖造浴池，二楼为木造休息区，并设有娱乐室等。入口处在二楼，门前左侧设有凉亭，入口处设有换鞋的玄关。二楼的榻榻米大厅是供人们纳凉、用餐、休憩的地方，为开放的室内空间，通风、采光均相当良好。右侧的檐廊和"望楼"可以眺望整个北投谷地，以及公园美景。

大浴场位于一楼，以服务男宾为主，显见当年泡汤的男女比例依然悬殊，圆拱列柱围起的浴池与两侧墙上的镶嵌彩色玻璃，为浴场增添了古典华丽的罗马风，可以想见在此沐浴当有贵族般的感受。

大浴池的两侧，有男女更衣室及个别沐浴池，重要的宾客在南侧还设有独立的浴室和休息间。

台湾光复后，公共浴场因管理单位更迭，终至荒废，1998 年 10 月 31 日在地方热心居民的奔走下，经过台北市政府斥资整修，以北投温泉博物馆为定位，重新开放参观。

修复完成的温泉博物馆，散发着西方与日本风情合璧的典雅，维多利亚式的外观仿佛英国的小城堡庄园，一楼的大浴池，又宛如罗马人的公共浴池；但从二楼入口的玄关到榻榻米大厅，又洋溢着浓郁的和风特色，令参观者仿佛置身于交错的东西时空中，饶富趣味、平添游兴！

二楼榻榻米大厅及侧走廊。大厅宽敞通风，沐浴后在此休憩、纳凉，相当舒服。

一 维多利亚风的红砖建筑，半圆拱窗上的彩绘玻璃，即提供大浴场光源的玻璃窗。

二 此为供女宾泡汤的小浴池。当时女性鲜少单独泡汤，通常是以家眷身份前来。由浴场空间大小配置，可窥知男尊女卑的保守社会风气。

三 浴场地面由入口处往下倾斜，以便走进浴池中泡汤，"站着泡汤"也是这个浴池的特色，以便容纳更多泡温泉的男宾。彩绘镶嵌玻璃捎进七彩光源，颇为华丽。

163

赏心景点

北投图书馆

北投图书馆，坐落于生态丰富、绿意盎然的北投公园内，是台湾第一座绿建筑图书馆。独特的木造外形与一般水泥建筑有很大的不同，仿佛一栋会自行呼吸的建筑物，令经过的每位游客都想进去一窥究竟。

北投图书馆设计了太阳能发电屋顶，及雨水回收系统，不仅节能、环保、减少浪费，还曾经荣获多项大奖。图书馆包括地下一层及地上二层。室内的阅读区散发着木头清香，及采集阳光的温煦感；户外的阳台阅读区，则有虫鸣鸟语，陪伴书香，吸引着不少爱好阅读的朋友们，于此流连忘返。

张清华是台湾最知名的生态建筑师，也是台湾女建筑师中的翘楚。北投图书馆和花博新生三馆，都是由她主导设计的绿建筑作品，舒适宜人的北投图书馆还曾获选"全球最美的 25 家公立图书馆"之一。多年来在生态建筑上的努力，让她与郭英钊共同主持的九典建筑事务所，几乎成为台湾"绿建筑"的代名词。

对张清华来说，绿建筑是可以身体力行的动词，可柔性地将建筑对环境的破坏降至最低，她曾说：

多数人认为公园不应该盖建筑，但当有建筑需求时，我们就试着把公园里的建筑和周边融为一体，好让大家在视觉上看不见。

让一栋庞然建物与大自然融为一体或"消失"，以木结构为主体应是最合宜的选择，北投图书馆首先在台湾实现了这个愿景，因此又陆续获得"台湾建筑奖""公共工程金质奖"等重要建筑奖项。

北投图书馆，纯粹木构建筑，为台湾最具代表性的"绿建筑"杰作。

图书馆背面与后院的莲花生态池，外观就像一般木造大船，低调地融入北投温泉乡。

北投文物馆

北投文物馆位于北投区幽雅路上，前身是建于 1920 年的、在北投十分著名的"佳山旅馆"。日本统治时期也曾作为日本军官的俱乐部，1945 年台湾光复后，成为军民宿舍和官员度假用的佳山招待所。此文物馆也是距离少帅禅园最近的日式古迹。

20 世纪 80 年代，张纯明在此创办"台湾民艺文物之家"，收藏和保存台湾早期民俗文物以及原住民艺术，更名为北投文物馆。1998 年 9 月北投文物馆成为市定古迹，2002 年之后关闭整修，至 2008 年 1 月 17 日重新开放，供民众参观、聚会、用餐。

在"佳山旅馆"时期，已建了一栋两层楼高的主体馆，和独立的别馆"陶然居"，主体馆即现在北投文物馆的所在位置，前栋、后栋南侧的建筑，为铺榻榻米的和室。后栋南侧旁有一栋洋室，地板铺上地毯。二楼"大广间"是昔日的宴会场所，今日则提供单位、团体举办餐宴。

"陶然居"已从别馆转型为茶艺馆，馆内的空间以两个长方形的房间和廊道构成"雁行"格局，每一房间均分为前室和主室，精致的窗格和细节装饰十分讲究，是台北少见的日式木造艺术品。

北投文物馆馆藏十分丰富，主要以台湾民俗文物和少数民族文物为主，涵盖织品、竹木器、古书、陶瓷品、布袋戏偶和皮影戏偶等 4000 多件 。文物馆的展览分为常设展和主题展，常设展位于一楼南侧，图文并茂的引领民众进入文物馆建立以来的流光岁月；主题展则呈现丰富多元的内容。

北投文物馆除了提供团体的高级餐宴，还提供个人游的怀石套餐[①]，一套为 800 元新台币，相对于禅园的消费，实属物美价廉！

---

① 怀石，指的是佛教僧人在坐禅时在腹上放上暖石以对抗饥饿的感觉。怀石料理原为在日本茶道中，主人请客人品尝的饭菜。现已不限于茶道，成为日本常见的高档菜色。其形式为"一汁三菜"（也有一汁四菜）。怀石料理极端讲求精致，无论餐具还是食物的摆盘都要求很高（但食物的分量却很少）而被一些人视为艺术品，高档怀石料理也所费不菲。主要盛装食物的器具有陶器、瓷器、漆器等。

北投文物馆仿佛藏身于森林之中，拥有相当开阔的前庭。

位于入口大门右侧的建筑造型。

汉卿美馔餐厅之入口景观

禅园汉卿美馔

　　一位曾经奔驰沙场的将军，失去了舞台，在不得志的幽居岁月里，恐怕唯一能寄情的就是美食吧。而一生相伴少帅左右的赵四，在没了贵妇的应酬与逛街购物的消遣之余，也同样只能寄情于厨艺，来解慰夫妻俩的乡愁吧。

　　据说张少帅虽忘不了东北的酸白菜和面食，但也喜爱多元的各省佳肴，更喜欢台湾小吃中的卤肉饭，甚至连少数民族的野味烧烤都不排斥，这和禁足于新竹五峰的经历有关。

　　从 2010 年起，少帅禅园的经营团队，特别钻研了从大陆时期的张帅府，到张氏夫妇定居台湾的饮食菜单，依季节严选新鲜食材、设计创意、烹调料理法，并以具特色的器皿摆盘，重现张学良所讲究的"色香味俱全"的美食主张。

一　儿童餐，丰富又美味。

二　"少帅私房套餐"中的鲍鱼，大而鲜嫩，毫无腥味，口感Q弹。

三　"少帅私房套餐"中的特制豆腐，软嫩鲜甜，幸福滋味。

四　"少帅私房套餐"中的鱼排，一样处理得毫无腥味，口感绝佳。

　　目前，这个称为汉卿美馔的餐厅，共推出3种套餐，分别为"少帅私房套餐"价格为1500元新台币；"大帅府传套餐"价格为2500元新台币；"禅鲜素食套餐"价格为1600元新台币，10%服务费均另计。

　　餐费并不便宜，但两套荤食均包含顶级的海鲜、肉类，及创意蔬菜、甜点、开味花醋等，选材讲究、做工精致，颇值得偶尔犒赏肠胃，顺便体验少帅被软禁此地时"五味杂陈"的感受！

　　除了正餐之外，园内的小六茶铺也是一个可以俯瞰园林美色，眺望山峦云光，享用茶饮、点心的好所在，值得三五好友闲聚、话家常。

布置得极为温馨、舒适的女士化妆间。

左　独立小包厢，清静、视野佳。
右　宽敞的用餐区，全区共有120个座位。

○五

南港蔚学风

新文化运动宗师的学园——胡适台北故居

新文化运动宗师的学园

胡适台北故居

    在台湾最高的学术殿堂"中央研究院"内，一栋栋鳞次栉比的学术大楼，争相长高茁壮，犹如院区内历经岁月而长成参天巨木的椰子树、白千层与大榕树，这是一个聚集着众多学术巨人的圣殿。但我在此将拜访的却是位斯文清秀、身量也较娇小的一代宗师，其在院区内留下的故居也是袖珍型的小平房，但他在中国近代的学术界中却占据着"巨擘"级的地位，他就是中国新文化运动、白话文学的导师——胡适先生。

    进入"中研院"新大门，于第一个十字路（适之路）左转，接近终点前十余米，不经意间就会被左边一堵方形的水泥石墙吸引，标示极为清楚的"胡适纪念馆"几个深灰

左　纪念馆的方形水泥标示。

右　纪念馆入口，胡夫人建议增建专门的陈列室，令位于右侧的故居维持家居的原貌，因此多了这栋建筑。

色楷体字，鲜明地映入眼帘！

　　停驻于标志牌前往左张望，一栋掩映在紫藤花架下的红砖平房，坐落在一片宽阔绿地的深处，左边有一池杨柳茂盛的荷塘，正中间三株异常高挑的椰子树突兀地矗立着。滂沱大雨又将来袭，眼前的塘水已现灰浊的泥色，两朵粉白色的莲花恰如出污泥而不染的君子，绽放于一场接一场的风雨夹击中，水中丰腴的锦鲤也因鲜艳的橘红身躯，得以在灰色泥水中显色，莲与鱼似乎都有不受风雨打扰的镇定本色，可以想象这一方水塘，如果恢复成清澈澄明的波潭，该是多么赏心悦目！

　　据说眼前的一景一物和主人翁在世时所见，已多所更异，但荷塘、椰子树与馆舍的相关位置则维持原状。

走回紫藤花架下，出现两排一字型房舍及两道门，呈90度，经导览人员说明，才知道红砖房为胡适过世后兴建的纪念馆，侧边漆着白墙与蓝色铁窗的房舍方是故居所在。知名的考古人类学者，也是时任"历史语言研究所"所长的李济回忆：

胡适写信告诉他，在美国写作要查中文书很不方便，想回台居住，以便就近利用史语所的图书馆；由他自己出钱，向"中研院"借一块地，建一座小房子，若干年后，就把这座房子捐给"中研院"……不久，蒋介石知道了，认为胡适肯回来，不必自己花钱盖房子，政府可以给他办。

庆幸蒋介石，对于硕学大儒还算是礼遇有加，例如钱穆、林语堂及胡适。

严父与慈母 身教言教好榜样

胡适于1957年11月当选"中央研究院"院长后，次年4月才来到台湾定居于这个平房内，但这并不是他首次踏上台湾的土地。早在1893年两岁大之际，胡适已随着母亲冯顺弟来到台湾与父亲胡传相聚，至1895年甲午战争爆发，才再随母亲返回安徽老家。

胡适之父胡传，字铁花，科举出身，1891年奉调台湾，担任"全台

右　故居后方的回廊外观，纪念馆未兴建时，先以此回廊作为遗物、藏书展示室。

左　胡适与长子一家合影于故居前。当年并没有装设蓝色铁窗，那时治安尚佳。照片中胡适的长子胡祖望及孙子胡夏也均毕业于美国康奈尔大学。

营务总巡"，考察台湾防务，随后又担任"台南盐务总局提调"，于办理台南盐务任内将胡适母子接到台湾。

1893年，胡传代理台东直隶州知州，兼统镇海后军各营屯，任职期间大力整顿军纪，严禁鸦片，但徒劳无功。

甲午战争台湾割让日本之后，胡传奉令返回，他先将家眷送回家乡，自身则受刘永福之托，参与"台湾民主国"事务继续留在台湾，未料却得脚气病，1985年8月故于厦门。胡适因此说：

我父亲是东亚第一个民主国的第一位牺牲者。

关于胡传在台的这一段事迹，在胡适纪念馆中特设了一个展示区，予以介绍。纪念馆呈一字型，对于胡适本人的介绍则由左至右，依编年史的顺序，以广告牌文字、照片、遗物，并陈对照呈现，让参观者很容易与时推移，走进当年的历史故事中。

由于胡传去世时，1891年出生的胡适年方4岁，23岁的冯顺弟便肩负起慈母兼严父的养育责任，胡母虽不识字，但却极重视对儿子的教育。

在冯顺弟的督导下，胡适3岁前已学会约1000个汉字。回到安徽家乡时，冯特别送儿子到四叔开设的私塾念书。胡适个子娇小，念书时需由人从高凳上抱上抱下。但胡适从小喜爱读书学习，为母者也乐意多付出加倍的学费，要求先生为胡适"讲书"，每读一字，须讲一字之意，每读一句，须讲一句之意，因此奠定了扎实的学习基础。9岁时胡适阅读《水浒传》，不仅能把大量的文言文"读"进去，还能把小说内容"说"出来，

左　相貌清秀斯文的胡适。

右　胡适的父亲胡传亲自抄写的四言韵文《学为人师》，为胡适学习的第一本书，内容阐述为人处世之道。

真正融会贯通文字的含义。

　　大人们鼓励我装先生样子，我也没有嬉戏的能力和习惯，又因为我确是喜欢看书，故我一生可算是不曾享过儿童游戏的生活。我在这 9 年（1895-1904 年）之中，只学得了读书写字两件事。在文字和思想的方面，不能不算是打了一点底子。但别的方面都没有发展的机会。

　　在胡适的《四十自述》中不但提及幼年在母亲的督促下求学的情况，也大篇幅提到母亲在品德教养上提出的要求和期许：

　　每天天刚亮时，我母亲便把我喊醒，叫我披衣坐起。我从不知道她醒来坐了多久了。她看我清醒了，便对我说昨天我做错了什么事，说错了什么话，要我认错，要我用功读书。有时候她对我说父亲的种种好处，她说："你总要踏上你老子的脚步。我一生只晓得这一个完全的人，你要学他，不要跌他的股。"（丢脸之意）

　　她从来不在别人面前骂我一句，打我一下。我做错了事，她只对我望一眼，我看见了她的严厉目光，就吓住了。犯的事小，她等第二天早晨我睡醒时才教训我。犯的事大，她等到晚上人静时，关了房门，先责备我，然后行罚。

　　我在我母亲的教训之下住了 9 年，受了她的极大极深的影响。我 14 岁（其实只有 12 岁零两三个月）便离开她了，在这广漠的人海里独自混了 20 多年，没有一个人管束过我。如果我学得了一丝一毫的好脾气，如果我学得了一点点待人接物的和气，如果我能宽恕人、体谅人——我都得感谢我的慈母。

　　浅白流畅的文体展现出白话文清新的风格与特色，守旧的冯顺弟恐怕料想不到，含辛茹苦督导成长的儿子，日后会成为反传统的新文化运动健将。

　　冯顺弟除了在身教、言教上影响胡适深远之外，对于儿子的婚姻与感情，更是掌握了支配大权，令追求自由却又事母至孝的大学问家，长期挣扎在亲情与爱情的交战中。

生命中的 4 个女人　母亲、妻子、情人

　　1904 年，未满 14 岁的少年胡适，在母亲做主下与 15 岁的江冬秀订了亲。尽管胡适本人并不同意这门亲事，但孝顺的他并不敢违逆母意。之后陆续考取上海的新式公学，接受西方现代思想启蒙，对于被强迫的婚约更加抗拒，幸好于 1910 年远赴美国留学，得以暂时逃离婚姻的囚笼。

　　胡适与江冬秀订婚后，曾经通过几封信，但信件慢慢减少了，谣言却越来越多，多半是"胡适娶了外国洋婆娘，不会回来了"。冯顺弟知道江冬秀经不起流言，便不断写信催促胡适回来结婚。严母催逼下，据说胡适是以一种"舍身"的心情，于 1917 年，27

岁这一年回到安徽，并在同年 12 月与江冬秀完婚。他在新房门上自嘲地贴了一副对联：

三十夜大月亮，二十七老新郎。

在时兴早婚的徽州，27 岁的新郎就算老了，而 28 岁的新娘，更是老得不能再老了！

20 世纪初，中国的自由恋爱风气刚刚兴起，深受西方自由风尚熏陶的胡适，却未像其他新青年一样断然毁约，而是遵从母命委曲求全，对此，他在后来的日记中写道：

假如我那时忍心毁约，使这几个人终身痛苦，我良心上的责备，必然比什么痛苦都难。

不过，胡适万万没想到：就在他同意履行婚约后不久，在视为畏途的婚礼上，将遇到一位令他"一见钟情"的对象。胡母精心挑选的四位伴娘，其中一位竟让新郎留下深刻美好的印象。这位伴娘就是他的表妹曹诚英，小胡适 11 岁。胡适在日记里喜欢称呼其乳名丽娟中的"娟"字，她是胡适三嫂同父异母的妹妹。

1918 年冬天，江冬秀前往北平与胡适共同生活。一个裹小脚的女子，大字不识几个，从乡下到京城，跻身文人俊彦圈中，照理说应该心生自卑或畏怯才是，但江冬秀却以一位女主人的泰然姿态，与京城的学者、教授们打交道，她不自贬、不造作、不虚伪，完全以本色示人，让日子过得有声有色。但她也慓悍霸道，几近文盲的她，完全不能体会丈夫埋首书海的乐趣，并经常邀朋友们在家打牌玩乐，胡适每天在理性思考的沉默中，忍受着妻子无休止的玩闹、唠叨与怒吼，终日如坐针毡。

"胡适大名垂宇宙，夫人小脚亦随之"，一位新文化运动的倡导者，穿着新式西装，娶了个乡村小脚夫人，确实是一件奇闻，两人的婚姻，遂被称为民国史上七大奇事之一。

1923年秋天，胡适因病到杭州疗养，趁便逃离令他窒息的婚姻生活，江冬秀不放心丈夫独居，特意写了一封错别字连篇的信，请正在杭州读书的曹诚英，协助照顾表哥的生活。但精明的江冬秀做梦也没想到：杭州的风花雪月，竟让表哥和表妹跌进西湖的温柔乡里，两人瞒着她，成了一对暂时逍遥法外的鸳鸯蝴蝶。胡适在此时写下这首诗：

多谢你能来，慰我山中寂寞，伴我看山看月，过神仙生活。

胡适与曹诚英热恋，终于动了"家庭革命"的念头，有研究者认为他在《怨歌》的结尾一段诗文已泄露离婚的心思：

拆掉那高墙，砍掉那松树，不爱花的莫栽花，不爱树的莫种树！

诗中的"高墙"喻指封建礼教的阻隔，松树犹如遮挡"雨露和阳光"，令爱情之花"憔悴凋零"的守旧势力。但是一旦回到妻子身边，胡适就变成泄了气的皮球，毫无弹跳的能力。胡适的侄媳李庆萱回忆说：

胡适和曹佩声（曹诚英之字）都是博学多才的学者，情投意合，彼此爱慕。后来被江冬秀发现了，以死相逼，胡适只好放弃离婚之议，饮泣割爱。

胡适的远房表弟石原皋也见证过江冬秀捍卫婚姻的霸气：

江冬秀为此事经常同胡适吵闹。有一次大吵大闹，她拿起裁纸刀向胡适的脸上掷去，幸未掷中，我把他俩拉开，一场风波，始告平息。

胡适的外侄孙程法德在致胡适研究专家沈卫威的信中说：

胡适当时是想同冬秀离异后同曹结婚，因冬秀以母子同亡威胁而作罢。结果诚英堕胎后由胡适保送到美国留学，一场风波平息。

在胡适纪念馆里，并没有陈列胡适与曹诚英这一段凄楚缠绵的恋史，倒是介绍了另一位清秀佳人、美籍的才女韦莲司。

1910年秋天，胡适到美国留学后，谨遵母亲"男女交际尤须留心"的叮嘱，有4年的时光不与女同学交往。但在1914年6月一场社交舞会上，胡适邂逅了亨利·韦莲司教授的小女儿。韦莲司比胡适大6岁，他们一见如故，彼此留下极佳的印象。

在胡适的心目中，韦莲司是新女性的理想典范，他在日记里如此赞许她：

人品高，学识富，极能思想，高洁几近狂狷，读书之多，见地之高，诚非寻常女子所可望其项背……余所见女子多矣，其真能具思想、识力、魄力、热诚于一身者，惟一人耳。

韦莲司也很喜欢文质彬彬、学识渊博的胡适，他们很快结伴同游、天天约会，渐至情投意合，一日不见如隔三秋。1915年1月，胡适到纽约看望韦莲司，他们在女方寓所畅谈到深夜。之后，韦莲司母亲得知此事极为反感，当年的美国社会仍相当保守，且有"反

诚如胡适所说，红粉知己韦莲司人品高尚，虽然深爱着胡适，但曹诚英堕胎后前往康奈尔大学留学，胡适托韦代为照顾，韦竟能爱屋及乌表现出真诚的关怀，令曹备感温暖。

杂交法"，反对异族通婚。在双方母亲及社会道德的强力约制下，两人始终保持着心灵神交的恋情，不敢越雷池一步，尤其是年轻胆小的胡适。

起初，胡适写给韦莲司的信，多半表达敬慕和感谢之意，至1917年行将分别时，才鼓起勇气透露曾经"企盼他们能举行婚礼"的愿望，和不得不遵从母命的难处。胡适结婚后，两人也失联数年，直到1923年韦莲司失恋才再度来信，胡适当即回复：希望旧情复燃，有机会重温"年轻的日子"，但此时曹诚英正一步步取代她在胡适心中的位置。

1933年，胡适作为文化使者应邀访美，这对有情人终于相聚，在绮色佳（现更名为伊萨卡）共度数日美好时光，但据说两人一直维持着柏拉图式的爱情。1937年胡适飞往美国担任大使，两人再度聚首，胡适写下《水调歌头》：

执手真难放，一别又经年！归来三万里外，相见大江边；更与同车北去，行遍两千里路，细细从前……应念赫贞江上，有个同心朋友，相望尚依然……

由这首词可以看出，胡适对韦莲司的敬爱与友爱，似乎远甚于男女之间的情爱，这对女方而言，无疑是一生的遗憾！

1958年夏天，韦莲司为祝贺胡适出任"中央研究院"院长，特意定做了一套刻着江冬秀姓名的银质餐具作为赠礼，信中深情地提及两人近乎半世纪的情谊。胡适回复：

这份友谊长久以前开始，一直维持到今天，对我们的一生有多方面的影响，这个影响是超过我们所能理解的。我一向珍惜这份友谊。

至迟暮之年，两人仍年年通信、互相问候。韦莲司终身未嫁，一直独守着她对胡适的感情；退休后，不但把毕生的积蓄提出作为出版胡适著作的基金，并将数十年鱼雁往

胡适铜像背后，镌刻着其知名的白话体箴言「要怎么收获先那么栽」。纪念馆中，展示胡适生平的陈列室。

返的信件、电报等，制成副本，寄赠遗孀江冬秀，请她转交胡适纪念馆，两人的柏拉图恋史才得以正式公开，供人凭吊！

新文化中旧道德的楷模　旧伦理中新思想的师表

　　胡适最早接触西方现代文化，是在上海的梅溪、澄衷学堂求学时期，当时已受到梁启超①、严复②等人的改革维新思想启发。1910 年考取"庚子赔款"第二期官费生赴美国

---

① 梁启超，字卓如，号任公，别号饮冰室主人。自幼聪颖，熟读四书五经，被誉为"神童"，"8 岁能为文，9岁能缀千言"。中国近代思想家、政治家、教育家、史学家及文学家。青年时期曾经与老师康有为一起进行戊戌变法，事败后出逃，在海外推动君主立宪。辛亥革命后一度入袁世凯政府担任司法总长，后对袁世凯称帝及张勋复辟等严词抨击，他倡导新文化运动，支持五四运动。其《新民说》及《中国学术思想变迁之大势》两本著作对胡适影响极大。
② 严复是中国近代重要的启蒙思想家、翻译家。严复系统地将西方的社会学、政治学、政治经济学、哲学和自然科学介绍到中国。他翻译了《天演论》《原富》《群学肄言》《群己权界论》《社会通诠》《法意》《名学浅说》《穆勒名学》等著作。其翻译考究、严谨，每个译名都经深思熟虑，他提出"信、达、雅"的翻译标准对后世的翻译工作产生深远影响。

胡适写的白话诗及娟秀的字迹，几乎每首都成为励志或抒情的经典名句。

留学，先在康奈尔大学读农科，后改读文科。1915 年进入哥伦比亚大学研究院，师从著名的哲学家杜威①，学习实用主义哲学。1917 年夏天回国，担任北京大学教授，加入《新青年》编辑部，撰文反对封建主义，宣传自由、民主和科学思想，并积极提倡"文学改良"和白话文学，成为当时新文化运动的重要推手。

胡适先在《新青年》发表一篇力促推行白话文的《文学改良刍议》，并因此声名远播，他于文中提出 8 项写作的主张：

不用典、不用陈套语、不讲对仗、不避俗字俗语、须讲求文法、不作无病之呻吟、不模仿古人、须言之有物。

《文学改良刍议》点燃了新文化运动的漫天烟火，也让《新青年》的发行量从 1000 本扩增至 16000 本。1920 年北洋政府教育部通令全国学校废除文言教科书，但关于白话文的论战始终不歇。支持文言文的学者章士钊，经常写文章嘲讽胡适，胡适则幽默地以文言文"同是曾开风气人，愿长相亲不相鄙"回赠。

这场新文化运动也涵盖了 1919 年在北京发生的五四运动。1919 年 5 月 4 日前夕，陈独秀②在主编的《新青年》上刊载文章，提倡民主与科学，批判传统中国文化的价值，

① 约翰·杜威于 1884 年获美国约翰·霍普金斯大学哲学博士学位。1896 年创立一所实验中学作为教育理论的实验基地，并任该校校长。他反对传统的灌输和机械训练的教育方法，主张从实践中学习。提出教育即生活，学校即社会的口号。1919 年 4 月 30 日，杜威经由胡适引荐由日本抵达上海，展开为期 15 个月的巡回演讲，遍及北京和华北、华东、华中 11 省。杜威在讲学途中，曾会晤孙中山。
② 陈独秀是中国政治活动家、主要领导人，中国共产党的主要创建者之一及首任中央局书记。既是新文化运动的主要倡导者之一，也是五四运动的精神领袖。于 1915 年 9 月 15 日创办月刊青年杂志，次年更名为《新青年》，自任总编辑。

并传播马克思主义思想；以胡适为代表的温和派，则全力推广白话文运动，主张以西方的实用主义代替儒家学说、以科学方法整理中国传统文化思想。这项主张也可总括其毕生的治学内容。

从此以后，胡适不管是写自传、写论文、写箴言、写情书、情诗，都采用白话文体表达，例如其自传《四十自述》，就是一本直白生动的白话散文，除了本文于第一段转载其母亲教诲时的感人段落外，对于青少年时期受到梁启超的文章启发，也描写得如口语一般：

严先生的文字太古雅，所以少年人受他的影响没有梁启超的影响大。梁先生的文章，明白晓畅之中，带着浓挚的热情，使读的人不能不跟着他走，不能不跟着他想。有时候，我们跟他走到一点上，还想往前走，他倒打住了，或是换了方向走了。在这种时候，我们不免感觉一点失望。但这种失望也正是他的大恩惠。因为他尽了他的能力，把我们带到了一个境界，原指望我们感觉不满足，原指望我们更朝前走。跟着他走，我们固然得感谢他；他引起了我们的好奇心，指着一个未知的世界叫我们自己去探寻，我们更得感谢他。

胡适于五四时期写的第一个白话剧本《终身大事》，即宣传男女青年自由恋爱，反对传统的媒妁之言。但胡适却在个人的终身大事上，屈从于传统，身为活跃的新思潮推手，其内心的煎熬与无奈，可想而知。

他的情诗写得更是清新动人，犹如情窦初开的少年维特，初期现代诗的含蓄、幽婉、情韵款款流泄，例如曹诚英翩然飞进他一再迁就和容忍的婚姻世界时，写下的两首诗：

秘魔崖月夜

胡 适

依旧是月圆时，依旧是空山，静夜；

我独自月下归来，这凄凉如何能解！

翠微山上的一阵松涛，惊破了空山的寂静。

山风吹乱了窗纸上的松痕，吹不散我心头的人影。

多 谢

胡 适

多谢你能来，慰我山中寂寞，

伴我看山看月，过神仙生活。

匆匆离别便经年，梦里总相忆。

人道应该忘了，我如何忘得？

另外，胡适一以贯之的主张，也让他成为青年学子的表率。但他提倡的自由主义，

并非无限上纲，而是以"容忍"为前提，这与"以不妨碍他人的自由为自由"的精神完全相符。"容忍比自由重要"是他最常挂在嘴上的口头禅：

> 有时我竟觉得容忍是一切自由的根本，没有容忍，就没有自由。

这应该就是他宁可容忍没有爱情的婚姻，也不愿为了追求恋爱的自由，而伤害母亲及元配的高尚情操！

在做学问的态度上，胡适曾说"赫胥黎[①]教他怎样怀疑，杜威教他怎样思想"。因此他也提倡怀疑主义，其座右铭是"做学问要在不疑处有疑，待人要在有疑处不疑"，并提出"大胆的假设，小心的求证""言必有证"的治学方法。

胡适不断地在文化、学术界提出新观念、推动新思潮，故后代学者将他与梁启超并举为"但开风气不为师"的两大思想家。

胡适好交朋友也是有名的，上至庙堂下至草根都有他的朋友，他曾经在《新青年》介绍挪威戏剧大师易卜生提倡的个人主义精神。当时跟他同住北京一个院子的安徽老乡娶了妓女为妻，胡适超脱一切成见，特地写信给江冬秀，要求她不要歧视这名妓女，应尊重作为邻居的夫妻俩。

晚年定居台北时，有位沿街卖芝麻饼的小贩袁瓞，喜欢一边卖饼一边看书，研究各国政治，每遇困惑，就写信向贵为"中研院"院长的胡适请教，胡适有信必回。后来，袁瓞成了院长办公室的常客，胡适出远门时会捎信给他，以免他白跑一趟。学术大师与市井小民的友谊，凸显了胡适的平易近人、与人为善。他身体力行了对自由主义、个人主义的主张，并展现在人道关怀上，因此赢得学界及乡间人士的广泛尊重与爱戴，从傅

---

① 赫胥黎，英国生物学家。因捍卫查尔斯·达尔文的演化论而有"达尔文的斗牛犬"（Darwin's Bulldog）之称。作为科普工作的倡导者，他创造了概念"不可知论"来形容他对宗教信仰的态度。其传世名言："试着去学一切的一点皮毛，和某些皮毛的一切。"（Try to learn something about everything and everything about something.）赫胥黎是胡适思想中一个重要的支柱。

纪念馆左边的陈列室，以胡适与蒋介石的互动关系为主题。

斯年^①开始，"我们的朋友胡适之"便成为与之熟识者引以为荣的称呼。

胡适胸襟开阔、慷慨大方，提携后进也不遗余力。文学大师林语堂前往美国、德国留学时，胡适都曾经自掏腰包，每个月资助部分生活费。林语堂学成归国后向北大校长蒋梦麟致谢，才得知是胡适私人的资助，林语堂从此铭记不忘这可贵的"无声义举"。

胡适在台湾也曾默默资助过桀骜奇才李敖，并赞助梁实秋完成《莎士比亚全集》的翻译任务。

驻美大使的演说外交　蒋介石始终敬之以礼

在纪念馆入口的右侧展区，介绍了胡适与蒋介石在私谊及政治舞台上的微妙关系。

①　傅斯年，字孟真，中国近代历史学家、学术领导人、五四运动学生领袖之一、"中央研究院"历史语言研究所创办者。曾任北京大学代理校长、台湾大学校长。性格耿直，嫉恶如仇，文章见解深入，眼光锐利独到，时人称其为"傅大炮"。

胡适在西方声名远播，广受欢迎。

一张胡适居中、蒋介石在一旁，与其他学者一起步出"中央研究院"的放大照片，说明了蒋介石对胡适的尊敬，毕竟在 20 世纪的上半叶，胡适是位登高一呼、回应者众的风云人物，其影响力不只在文化学术界，还包括当时的中外政治圈。

胡适于 1927 年参加蒋介石与宋美龄的婚礼时，初识蒋介石，当时其"开风气之大师"的威名已如日中天，蒋介石则初露头角。

1937 年 7 月 7 日，卢沟桥事变发生后，8 月 19 日蒋介石请胡适前往美国争取对中国的支持，1938 年任命胡适为中华民国驻美大使。胡适上任之初，日军铁蹄已蹂躏大半个中国，但胡适勉励使馆人员不要灰心：

我们是最远的一支军队，是国家的最后希望，绝不可放弃责守。我是明知国家危急才来的。国家越倒霉，越用得着我们。我们到国家太平时，才可以歇手。

"学者大使"并没有政客的城府和韬略，而是以"诚实和公开"的态度赢得友人的理解和信任，胡适的学生也是著名的科学家吴健雄曾说："华盛顿政府上下人员对胡适都是崇敬备至。"其北大同事王世杰(第四任"中研院"院长)也表示，他亲见罗斯福总统写给蒋介石的信上有"于适之信赖备至"的赞语。

据说日本政界听到胡适任驻美大使的消息，也异常关注其动向，当时代表官方的《日本评论》甚至宣称：

日本需派出 3 个人一同出使才可能抵抗得住胡适。那 3 个人是鹤见佑辅、石井菊次郎和松冈洋石，分别是文学、经济和雄辩专家。

但胡适驻美期间却非忙于政治性的外交活动，而是马不停蹄地巡回演说。1942 年初，《华盛顿邮报》以统计式的报道，来评论这位外交官别开生面的演说行程：

中国驻美大使胡适，最近 6 个月来普遍游美国各地，行程达 3.5 万里，创成外国使节在美旅行之最高纪录。胡大使接受名誉学位之多，超过罗斯福总统；

其发表演说次数之多，则超过罗斯福总统夫人；其被邀出席公共演说之纪录，亦为外交团所有人员所不及。

胡适或许以为频繁并扩大宣传中国人抗战的决心，才能获得美国社会的同情和支持，但他只热衷于演讲的作风，早引起国内政要的质疑，宋子文曾在公开场合表示不满，他不客气地对胡适说：

你莫怪我直言。国内很多人说你讲演太多，太不管事了，你还是多管管正事吧！

胡适任大使以后，美国许多大学纷纷赠以其荣誉博士学位。据统计4年间胡适竟领到27个荣誉博士学位。因此也有人批评"先生只好个人名誉，到处领学位"。且胡适采取无为而治，让大使馆的人员各司其职，从来不问任务细节，傅斯年曾写信提醒他注意职员的组织与效率，可见他并非称职的外交官员。

1942年9月8日，胡适辞去驻美大使一职，旅居纽约从事学术研究，在哈佛大学讲学。1945年，代表国民政府出席旧金山的联合国制宪会议，之后又在伦敦出席联合国教科文组织会议，制定该组织的宪章。

1946年7月，胡适回到北平，任北京大学校长。11月28日，蒋介石向国民代表大会提出"宪法草案"，由大会主席团主席胡适接受。12月25日，国民代表大会正式三读通过宪法草案。由蒋介石代表国民政府接受胡适递交的宪法。

胡适与美国总统罗斯福。

胡适在夏威夷获得最后一个荣誉博士学位，一生共得到35个博士学位。

1948 年 4 月 3 日，蒋介石认为，《中华民国宪法》规定，国家的政体形式为内阁制，实权在内阁，"总统"应为虚位，请公正人士担任为佳，故希望国民党支持无党籍的胡适出马竞选行宪后第一任"总统"，之后再由胡适任命自己为行政院阁揆。胡适虽然同意，但却因国民党中执会始终支持蒋介石而变卦。为了此事，蒋介石在日记中写道：

此心歉惶，不知所云，此为余一生中，对人最抱歉之一事也。

1948 年底，中国人民解放军兵临北平城下，中国共产党呼吁胡适留下继续任北大校长，胡适也放不下校务，但最后仍在蒋介石的安排下，由傅作义派部队护送一家人平安飞抵南京；只有幼子胡思杜，不愿上飞机，只身留在北平，之后因遭批斗，精神崩溃，自缢身亡。可叹的是胡适至临终前都不知幼子已先一步撒手人寰！

1949 年 4 月 6 日，胡适再度应蒋介石之求，前往美国当说客，为和平解决国共内战问题，寻求美国政府介入，但 4 月 21 日船抵旧金山，方知解放军已渡江，国民党部队撤退台湾，大势已去，孤臣无力可回天！

胡适再度回到美国，对于时局丕变，不能有所作为，也感到黯然消沉。不过对蒋失去信心的美方，仍看重其威望及影响力，一度想说服他出面领导流亡海外的反共亲美人士，取代蒋介石的政权，但胡适了无兴趣。这一段时间，胡适偶尔到台湾参与政治活动或讲学。例如：以"国大代表"身份参与"总统"选举，协办由雷震主笔的《自由中国》杂志等，后来雷震筹组反对党时被捕入狱，一路联署、支持的胡适幸未受到株连，可见蒋介石对他始终厚待。

1957 年 11 月，胡适当选第三任"中央研究院"院长，并于来年 4 月到台湾定居就任。

自此，胡适时常往返台、美两地。

　　1961 年 2 月，刚过 70 岁生日的胡适，参加台大校长钱思亮的宴会，甫抵餐厅身体就感到不适，医生诊断为冠状动脉栓塞症加狭心症，11 月病情一度恶化。1962 年 2 月 24 日，胡适参与"中研院"第五届院士欢迎酒会时，心脏病发猝逝于餐会中，蒋介石送来挽联予以表彰：

　　新文化中旧道德之楷模　旧伦理中新思想之师表

　　胡适过世后，1962 年底，"中研院"第四次院务会通过决议，将其故居改建为纪念馆。1964 年江冬秀致函当时的院长王世杰，表示故居空间狭小，建议另设陈列室：

　　我不忍让适之书堆置不管，已请基泰工程公司在纪念馆右首建一陈列室，这样可以让适之的住房保持原样，堆的书亦可有地方陈列，也叫适之在九泉之下放心点，一切费用由我负担。

　　王院长和纪念馆管理委员会，接受胡夫人的意见，但不希望经济拮据的她出资，决议从"史带基金"内提出新台币 20 万元，在故居右侧添建 25 坪的陈列室。

　　至于维护管理费用，则由捐赠基金之利息与"中研院"额外补贴支助。至 1997 年 11 月李远哲院长任内，纪念馆的管理权转交"近代史研究所"，2000 年正式聘任馆长、整理规划，并于 2001 年 12 月 17 日，胡适 110 岁冥诞时正式对外开放参观。

胡适的墓园，大方至正。

胡适公园

　　1962年2月24日，胡适心脏病病发猝逝。台北南港当地士绅李福人，随即捐出与"中央研究院"仅一路之隔的私人土地，辟建成"胡适墓园"。后来又将外围规划扩建成一座公园，于1973年11月12日开放供市民追思、休憩。

　　胡适公园依丘阜形势建成，为墓园公园化的一个独特典范。胡适晚年自称南港人，对地方教育的推动不遗余力、贡献良多，南港居民铭感于心。过世后，获望族士绅捐地建墓，以纪念其行谊、功绩。另外，于1963年逝世的甲骨文学大师董作宾的墓园，及语言学大师董同龢之墓、第六任"中研院"院长吴大猷的纪念碑也位于此处，故此有"学人墓园"的美称。

公园分前山公园与后山墓园，前山公园位处研究院路旁的平地区，采取开放式，跨过研究院路2段，就可以亲近造型如碗状的喷泉、绿意清新的草地及闹中取静的林荫。

入口处的标志犹如艺术雕塑品，一个白色的半圆拱形门作为意象式的大门，门内是一个白色箭头形状的"胡适公园"地标，箭头指向墓园的方位。沿着"学者之道"阶梯走向阜顶，便来到肃静雅致的胡适墓园，墓园由数种尺寸的长方形石板、正方形立阶组合而成，再以一个大方形围成坟墓区，呈现极为理性简逸的设计风格。

墓园右侧的平台上，矗立着由艺术大师杨英风雕塑的胡适铜像；墓园前方有一片沿阶梯铺设的斜面大理石板，镌刻着一篇墓志铭，内容由知名学者毛子水撰文、金石名家王壮为先生书写：

这是胡适先生的墓，生于中华民国纪元前二十一年，卒于"中华民国"五十一年。这个为学术和文化的进步，为思想和言论的自由，为民族的尊荣，为人类的幸福而苦心焦思，敝精劳神以致身死的人，现在在这里安息了！我们相信形骸终要化灭，陵谷也会变易，但现在墓中这位哲人所给予世界的光明，将永远存在。

一辈子追随胡适的"小脚夫人"江冬秀也和她的夫婿葬在一起，长子胡祖望感念弟弟胡思杜长期与家人分离，特别为其设立纪念碑于墓旁。2005年胡祖望身故后，家属也从其遗愿归葬于此，至此一家四口终于长相厮守了。

公园制高点建了一座胡适纪念亭，凉亭周遭林木荟郁、花叶竞茂，景观优美宜人，不失为假日小憩静心的好所在。

"中研院"内有一条"人文大道"，为直通胡适公园的快捷方式，大道终端直指着山丘上的胡适墓园，似乎也别具意义。因为位于道路两边的"近代史研究所""历史文物陈列馆"（"历史语言研究所"）"傅斯年图书馆"，和胡适的关系均密不可分，胡适当年为了到"历史语言研究所"查数据，决定回台定居；胡适纪念馆现由"近代史研究所"管理，傅斯年则是胡适生前的知己好友，人文大道与纪念馆前的"适之路"，均留下胡适频繁穿梭的足迹。

开放时间：周二至周六 9:00 — 17:00
地　　址：台北市南港区研究院路2段130号
电　　话：00886-2-27821147
注意事项：现场不可拍照

上　胡适公园入口，犹如艺术雕塑的虚拟入口门、标。前方的马路即研究院路 2 段。

下　通往墓园阶梯前特设了一道长长的石墙，并题上"学者之道"4 字，以拾级而上代表步步高升的学者之道。

赏趣商圈

在南港捷运站遇见几米

近几年，台湾越来越重视公共空间的艺术装置及设施，尤其是人潮流量众多的捷运（地铁）车站，均不乏艺术作品进驻，或街头艺术家定时定点的演出，已成为培养公民美学的绝佳场所。如高雄捷运（地铁）的美丽岛站，以"光之穹顶"获得美国旅游网站"BootsnAll"于 2012 年评选的世界排名第二美的地铁站，就是最好的例子。

台北几个晚近完工通车的捷运站，也争相采用标新立异的公共艺术，来展现吸引人潮与话题的亮点，最接近胡适纪念馆的南港捷运站，与知名插画家几米合作，将《地下铁》的插画放大于琅板上，再嵌入墙壁，制作成 6 幅引人入梦的彩色壁画；候车月台则打造出《地下铁》的虚拟现实，列车未到，旅客已置身似真似幻的世界：如表情漠然的上班族；百般无聊的小孩，幻想着巫婆飞过车窗；小猪、兔子在原野上奔跑，与火车竞赛……成功将童话般的公共艺术植入人们的感官中，也让南港捷运站人气居高不下。

南港车站是一个由捷运、台铁、高铁共构的交通枢纽，再与三铁共构的一个大商场叫"CITY LINK"，为台湾最大的捷运百货商城，结合了艺术、餐饮、服饰、生活用品等各式商店，提供南港居民逛街、休闲、娱乐的新去处。此处也是改搭公交车，前往胡适纪念馆及"中央研究院"最重要的接驳站与休闲驿站。

左　从小梦想养一只会说话的小鱼，我们将一起潜入海底，轻声交换秘密。
右　户外雕塑

我想起马戏团里的大象，一只接一只缓缓前进，它们沉重的步伐，让我稍稍感到安心。

这一站是终点？还是另一个起点？

大安育英才

云和街上的雅舍——梁实秋台北故居

温州街里的哲学家——殷海光台北故居

师大校方特别在临着室巷的围栏上，挂上一幅幅摘自《雅舍小品》的片断文章，供过往路人欣赏，打造风格独具的文学曲径。

云和街上的雅舍
梁实秋台北故居

台湾"师范大学"熙攘人往的夜市商圈里，有一条安静的小巷，长期以来未被小吃商家打扰，来往行人多半只有巷子的住户及访客，这个小巷有一个美丽的名字"云和街"，漫步其间确有闲淡如云、静谧祥和的感受。云和街 11 号，一户刚刚修复供参观的日式住宅，就是文学大师梁实秋定居台北的故居之一。

抗战期间，梁实秋迁居四川重庆的北碚，与吴景超夫妇合资建了一栋房子。房子建在路边的山坡上，没有门牌，遂以吴夫人龚业雅的名字，为住家取名"雅舍"。其间，梁实秋应邀为重庆的《星期评论》写专栏，即以《雅舍小品》为栏目，写了十多篇，《星期评论》停刊后仍继续写作。1949 年，《雅舍小品》初版于重庆发行，之后陆续出版 3

本续集，作品达百余篇，文章多半完成于台北。

自从《雅舍小品》发表之后，雅舍几乎成了标志梁实秋居所的专有名词，也标志了他幽默率真、知性儒雅的散文风格。

不嫌雅舍简陋 但求心境富足

梁实秋于 1903 年出生于北京内务部街，父亲梁芝山官至清廷四品大臣。1915 年夏天，梁实秋考入清华学校留美预备班（今清华大学前身）。在校期间，与好友闻一多[①]合作出版《冬夜草儿评论》一书，得到远在日本的郭沫若[②]来信称赞，与创造社[③]结下了短暂的友谊。

五四运动爆发时，梁实秋曾是学生运动的活跃分子，之后鉴于政治学潮的弊端，他在《1923 年毕业生梁实秋：清华八年》一文中表达反思之见：

五四往好处一变而为新文化运动，往坏处一变而为闹风潮。清华的风潮是赶校长。张煜全、金邦正，接连着被学生列队欢送迫出校外，其后是罗忠诒根本未能到差。这一段时期学生领导人之最杰出者为罗隆基，他私下里常说"9 年清华，3 赶校长"是实有其事。清华的传统的管理学生的方式崩溃了，学生会的坚强组织变成学生生活的中心。学生自治也未始不是一个好的现象，不过罢课次数太多，反而失去同情却确是事实。

1923 年 8 月，梁实秋赴美留学，于科罗拉多学院 (Colorado College) 学习。1924 年夏天，前往哈佛大学攻读研究生，研究西方文学和文学理论，受到白璧德[④]的"新人文主义"影响，最后获得哈佛大学英文系哲学博士学位。1926 年回国后，先后任教于东南大学（后改为中央大学、南京大学）、青岛大学（后改为山东大学）、北京师范大学。

1927 年，梁实秋与徐志摩、闻一多创办"新月书店"[⑤]。1927 年至 1936 年间，他和鲁迅展开论战，包括"文学的阶级论与人性论""第三种人""硬译"（直译）等多

① 闻一多，在 1912 年考入北京清华学校，喜读中国古代诗集、诗话、史书、笔记等。1919 年五四运动时积极参加学生运动，曾代表学校出席全国学联会议。1922 年 7 月赴美国芝加哥艺术学院学习。年底出版与梁实秋合着的《冬夜草儿评论》，代表了他早期对新诗的看法。
② 郭沫若，著名文学家、剧作家、诗人，同时，还是历史学家、古文字学家、书法家、学者。著述丰富，主编《中国史稿》和《甲骨文合集》，全部作品编成《郭沫若全集》38 卷。
③ 郭沫若与郁达夫等人一同创立"创造社"，是新文化运动的重要旗手。1922 年 3 月 15 日《创造季刊》问世。这一时期郭沫若的诗作，同胡适等人的新文化运动、五四运动作品，影响了日本统治时期台湾的早期新诗创作。
④ 白璧德（1865—1933），美国新人文主义思想的代表人物，哈佛大学比较文学教授。代表作有《卢梭与浪漫主义》等。他认为西方自文艺复兴以来，过于强调"物的原则"而损害了"人的原则"。因此，他主张崇尚人的道德想象和人文理性，反对功利主义的审美观。白璧德曾教授过梅光迪、汤用彤、吴宓、梁实秋等中国学生，他的思想通过《学衡》传入中国。
⑤ 新月社是由胡适、徐志摩、闻一多、梁实秋、陈源等人于 1923 年创建的文学团体，1927 年新月书店在上海成立，1928 年 3 月再创立《新月》月刊。名称以泰戈尔的散文诗《新月集》命名。造就了一批着重现代格律诗的新月派诗人，对中国的新文化运动产生了重要的影响。1931 年 11 月 19 日，徐志摩飞机失事遇难，不久《新月》杂志停刊，新月社解散。

雅舍外观，高大的面包树，果然是绝佳地标。树荫下的雅舍显得安静低调。

项议题。梁实秋坚持的文学观是"永恒不变的人性"，否认文学有阶级性；而且不赞成把文学当作政治的工具，不苟同鲁迅翻译的苏俄"文艺政策"，被鲁迅批为"丧家的资本家的走狗"，也因此受到左翼派的排挤。

抗日战争期间，梁秋实为躲避日军迫害，只身避居重庆北碚的雅舍，在《雅舍小品》里，他描写当时居住的情况：

雅舍之陈设，只当得简朴二字，但……我有一几一椅一榻，酣睡写读，均已有着，我亦不复他求。

梁实秋如此形容自己的居家需求，可见其淡泊的性格。不过，北碚的住宅虽然简陋，妻儿也未陪伴身旁，但他与龚业雅夫妇、冰心夫妇却经常谈笑、吟诗、对弈，颇能自得其乐、与人为乐；也因此灵感不断，写出数十篇幽默风趣的生活散文。

《雅舍小品》更多的篇章是在台湾写成的。台北云和街上这栋简约无华的日式建筑，不论格局及设备，也相当符合梁实秋的品位。在《台北家居》一文中，他就提到自己很幸运，可以借住于此：

到台北不久就借来一栋日式房屋，而且房屋前后都有小小的院子，前院有两棵香蕉，隔着窗子可以窥见累累的香蕉长大，有时还可以听雨打蕉叶的声音……

时过境迁，香蕉树已不复见了，倒是由梁夫人亲手栽种的面包树，依然高大挺立如戍守的卫兵。梁实秋晚年移居美国后，仍无法忘情这棵树，写下这首词，以为追念：

恼煞无端天未去，几度风狂，不道岁云暮。

莫叹旧屋无觅处，犹存墙角面包树。

目断长空迷津度，泪眼倚楼，楼外青无数。

往事如烟如柳絮，相思便是春长验。

当笔者循着介绍文章的导引，找到云和街的雅舍时，果然第一个映入眼帘的就是这株高耸参天、叶大如扇的面包树。现在，面包树被圈在黑色的铁栅栏及绿色树篱内，和文章描述的"没有围墙，只有矮矮的栅门，一推就开"的景象已大不相同。

这一段文字，倒让笔者忆起早年外公的日式宿舍，家家户户门前种着成排的龙眼、番石榴等大树，不筑围墙防人，那种邻里互助、相望的眷舍风情。

左手译"莎士比亚" 右手写人生散文

这是一栋典型的"和洋二馆"，兼具西洋式的接待空间及传统和式空间，面积约90平方米，建于1933年，历来即为师大的教职员宿舍，梁实秋于1952年入住于此。1949年他应省立师范学院（今之台湾"师范大学"）的刘真校长力聘，担任该校英语系专任教授兼系主任，后又任文学院院长，在"师大"服务17年，先后创立"英语教学中心"，设立"国语教学中心"，建立台湾第一个"国文研究所"及英语研究所，从而奠定"师范大学"作为教师培训学校的地位及声誉。

由于生活安稳踏实，又获得学界及文化界的敬重，梁实秋于师大讲学期间，陆续为

座敷间，相当于客厅，展示着梁实秋翻译《莎士比亚全集》的成就。

英文系编订了 30 多种英汉词典及英文教材。

"翻译莎士比亚"的构想，是由胡适提议的，初始计划由梁实秋、徐志摩、闻一多、陈源和叶公超 5 人合译，每人每年译两本，不到 5 年概可竟功。未料，计划刚拟订，徐志摩即遭遇空难英年早逝，闻一多和叶公超也无心投入，陈源出国，最后只剩梁实秋一人孤军奋战。

翻译工作是单向付出，没有赞助与收入。但年轻的梁夫人程季淑没有一句怨言，全力支持。晚年，梁实秋回忆：

我翻译莎氏，没有什么报酬可言，穷年累月，兀兀不休，其间也很少得到鼓励，漫漫长途中陪伴我体贴我的只有季淑一人。

译出莎氏 10 本作品之后，值遇抗战爆发，被迫停工。梁实秋听说自己名列日本人的"黑名单"上，当即写下遗嘱，只身逃离北京前往四川，与妻儿分离了 6 年之久。

尔后辗转迁徙，由重庆到香港、再到台湾，最后终于在台北，独立完成《莎士比亚全集》的翻译，赢得学界和文化界的敬仰。

莎士比亚是英国最伟大的戏剧家和诗人，共有 37 部剧本传世，剧本情节生动丰富，辞藻精练优美，对欧洲文学和戏剧的发展影响深远。在胡适的赞助、鼓励下，梁实秋于 1930 年开始译稿，至 1967 年完成这殚精竭虑的艰巨任务，也恰恰历时 37 年，让他成为风靡海峡两岸文化界的翻译大师。

同一时间，梁实秋的小品散文也源源不断"信笔拈来"。据他自述：其作品乃"长日无俚，写作自遣，随想随写，不拘篇章的"且"虽多调侃，并非虚拟"，但这些调侃自遣的文章，却获得极大的好评。

读梁实秋的散文，是一种享受。他的文笔简洁，风格幽默，看似平淡，却蕴藏着无穷的艺术魅力。有研究者认为其散文实践了《作文的三个阶段》中的一段自许：

绚烂之极归于平淡。但那平不是平庸的平，那淡不是淡而无味的淡，那平淡乃是不露斧斫之痕的一种艺术韵味。

知名美学家朱光潜先生赞美之：

其代表作《雅舍小品》与《秋室杂文》，对于中国文学的贡献犹在翻译莎士比亚的工作之上。

《雅舍小品》述说故居二三事

穿过故居簇新的铁栅院门，主屋正面全部以黄木隔栅修复，配上深灰色的屋瓦，散发出雅致的书卷气息。步入室内，一样有个日式"玄关"，脱鞋后才能踩上阶梯进入室内，为便于保养，拼木地板取代了昔日的榻榻米，不复见梁实秋于文章中描述的情况：

室内铺的是榻榻米，其中吸收了水气不少，微有霉味。

这已不再是平常的家居，而是一座纪念馆，所以不必再铺上温暖的榻榻米，供孩子们在上面打滚、嬉闹，或供一家人安眠。日式的生活影像再度回到笔者的记忆中，因此，在雅舍里凭念文学大师的生活轨迹，也仿佛追思着童年时代，在外公的日式宿舍度过的

日式玄关，在此脱鞋才能入内。日式室内地板为了防潮通常会架高50厘米左右，因此玄关区都会有一二阶阶梯。

左 日式"茶之间",右手边第一个隔间,梁实秋特别把这个紧临前院,看得
  到面包树的厨房,改成女儿房,可见他重视阳光、景观,及疼爱女儿的一面。
右 "炊事场"摆放着矮矮的一桌四椅及橱柜,模拟当年的餐厅。

书房，重现昔时样貌。

桌上的打字机，及墙边柜上的皮箱，均为大师的遗物。

欢乐暑假。

整栋建筑以一道窄窄的长廊，分成左右两区，玄关右方第一个临前院的居室为日式"茶之间"（厨房），仍保留当时的押入（储藏柜），后改成女儿房，现为文创品的展售空间。紧邻的"炊事场"摆放着矮矮的一桌四椅及橱柜，模拟当年的餐厅。

接下来是当年的书房，梁家特别捐赠男主人使用过的英文打字机、收纳文稿的皮箱，及与胡适等文人来往的书信供展示，睹物思人，大师身影依稀在场。

梁实秋这么描写书房：

书房不在大，亦不在设备佳，适合自己的需要便是。局促在几尺宽的走廊一角，只要放得下一张书桌，依然可以作为一个读书写作的工厂，大量出货。光线要好，空气要流通，红袖添香是不必要的。

最里面临后院的寝间，经营的业者特别设置成品茶专区，希望以清芬的茶香烘托浓郁的文学气息。梁实秋写《喝茶》：

茶是开门七件事之一，乃人生必需品……清茶最为风雅，抗战前造访知堂老人于苦茶庵，主客相对总是有清茶一盂，淡淡的、涩涩的、绿绿的。

应接室兼书斋，现放置着一套素雅的藤制白布沙发，梁实秋特别喜欢白净的素雅。

梁实秋儿时最喜欢用粗糙朴实的绿豆色小碗喝茶，现场贩卖的陶制茶碗也体贴地迎合大师的喜好，粗粗的、拙拙的、实实的。

长廊的左手边，临前院的第一个房间为应接室兼书斋，现放置着一套素雅的藤制白布沙发，还原梁实秋的雅好。第二个空间为客厅，维持着空畅的和风，日本人一向席地而坐，厅室几乎不设座椅，只放着几个坐垫。

越过座敷，为椽侧广间，据说梁实秋常坐在这里休息。有一回，甚至为了让出书房供猫咪生产，竟在这长廊上呆坐了一整天。

回想当年，外婆和母亲也最喜欢在椽侧广间，利用西晒的充足光源，彼此以棉线及白粉，为对方挽面，那真是一段美丽温馨的想念。

在天愿作比翼鸟　在地愿为连理枝

开阔的后院，以黑石、白石铺成一片长形太极图，并围以竹篱成为纪念馆最舒心的端景。梁实秋每每伏案翻译不知疲倦时，梁夫人都会不时地来喊他：

起来！起来！陪我到院里走走。

笔者儿时也常坐在椽侧边缘，逗弄外婆豢养在院中脾气暴躁的火鸡，不知梁夫人可曾在此处养只鸡？大师在《鸟》中说不忍看见囚在笼里的鸟，那么这个后院会被看作囚鸡的"笼"吗？一边读大师的杂文，一边在故居里找寻文字留下的蛛丝马迹，何其有趣！

梁氏夫妇如胶似漆的感情是众所皆知的。他们相识于1921年，18岁的梁实秋正在清华读书，回家看到书桌上有张红纸条上写着："程季淑，安徽绩溪人，年 20 岁，光绪二十七年（1901 年）2 月 17 日寅时生。"当时他没有对这个"包办婚姻"反感，反而充满好奇。

程季淑出身名门，父亲在北京经营笔墨店，她是中国第一代未缠足、受西式教育的女性之一。

作风新潮的梁实秋写了一封信，要求与程季淑"见面一晤"。数个月后的冬日，两人相约在宣南珠巢街女子职业学校，即她教书的地点约会。

程季淑不但面貌姣好，还善长女红，初次见面时，穿的衣服、裙子、鞋子全是自己缝制的。她也送给梁实秋一个亲手缝制的枕套，雪白的绸面、典雅的刺绣，相当精美。他每天枕于其上，时时想念伊人。

1923 年，梁实秋大学毕业，准备赴美留学。程季淑说"我等你 3 年"，他才放心远走异域。梁实秋走后，程季淑考上国立美术专科学校，专习国画。

1927 年 2 月 11 日，两人在北京举行婚礼。虽逢战乱，婚后倒是在上海过了一段幸福的生活。程季淑在家照顾 3 个孩子。梁实秋上班教书，虽是留洋归来的教授，仍用毛笔写字，身着长袍马褂，脚上穿的是妻子亲手纳的千层底布鞋，倍感舒适。

有一回，徐志摩前来告知，胡适邀请文人好友们喝花酒，程季淑大方鼓励丈夫去"见识见识"。梁实秋吃完饭立即回家，未多加逗留。妻子笑问"感想"，梁实秋说：

买笑是痛苦的经验，因为侮辱女性，亦即是侮辱人性，亦即是侮辱自己。

由这一段记事，可以看出两人对于婚姻的敬重与默契！

梁实秋单独前往四川重庆期间，程季淑在家侍奉公婆、养育孩子、主持家务，写给梁实秋的信中从不叹苦，只报平安。

梁氏一家于 1952 至 1958 年间入住云和街的宿舍。1959 年因木造房舍湿气过重，梁夫人身体违和，迁往安东街的钢筋水泥现代公寓，且把面包树的种子移植到新家。1973

208

日式房舍几乎都是前有庭、后有院的设计，后院可以供女主人洗晾衣物、养鸡养鸭，或莳花种菜，是极实用的空间。

年再随女儿移居美国。

梁氏夫妇与女儿定居于西雅图的生活，可以用"只羡鸳鸯不羡仙"来形容。据说两人经常手牵着手逛街，连女儿都"嫉妒"父母太恩爱了！

1974年4月30日上午，老夫妇到住家附近市场购物，门口一个梯子突然倒下，击中程季淑，送到医院急救，数小时后，程季淑不治身亡。

那一刻，梁实秋坐在长椅上不断哭泣、浑身发抖，像个孤苦无依的孩子，只记得妻子临终前犹对自己说：

你不要着急，你要好好照料自己。

梁实秋始终认为"以爱情为基础的婚姻，乃是人间无可比拟的幸福。"再度落单后，他写了一首悼亡妻的对联：

形影不离，五十年来成梦幻

音容宛在，八千里外吊亡魂

1974年8月，梁实秋又完成《槐园梦忆》一书，以表达对妻子的无尽思念。此书出版时，在台湾轰动一时，并获得各界好评。

但谁也没想到，《槐园梦忆》出版不久，刚刚赚取了无数读者的眼泪，及丰厚的版税，老耄的梁大师竟遇上一位令他倾心的"红娘"韩菁清。在舆论和女儿的压力下，情投意合的老少配仍决定步入礼堂，他们的浓情蜜意也一直维系到1987年11月3日，梁实秋心肌梗塞病逝台北为止。

面包树依旧在，雅舍也依旧和风清畅！

开放时间：周三至周一 11:00～17:30
地　　址：台北市大安区云和街11号
电　　话：00886-2-2363-4598

温州街里的哲学家
殷海光台北故居

右 近大门的面包树，也生长得相当壮硕、高大，丝毫不逊于梁实秋故居前的植株，两位学者竟不约而同在庭院门口种面包树。

左 殷海光故居院门，粉粉的青绿色，清新又低调。

台北市的温州街，是邻近台湾两所高等学府"台湾大学"及"师范大学"的一条历史老街，也是在文化圈迭有盛名的人文巷道。因为早期，这条街及临近的云和街、青田街，均坐落着不少"台大"、"师大"的教授宿舍，向来是教授、学者、文人雅士的聚居地，自然而然得到高度的文化关注。

早在日本统治时期，温州街称为"东门町"时，已经是日本学者及统治阶层的住宅区。台湾光复以后，这一带屋舍仍保留浓厚的殖民遗风，而且延续了"菁英小区"的身份，因为从 1949 年起，胡适、殷海光、台静农等知名学者，都曾在这里留下生活足迹。

而当老教授的子女长大，透过文学之笔，追忆在温州街成长的生活点滴，也再度笼络了年轻一辈的知青，来到此地寻找当年的人文风景。知名的小说家李渝，父亲是"台大"

地理系教授，1950年，3岁大的她随着父母到台湾，定居于温州街，长大后，她便以少女时代的所见所闻，写出著名的小说《温州街的故事》。

李渝曾说："我们家饭桌上进行的就是中国近代史。"

而笔者也是那曾被李渝笼络的年轻学子，高中时代非常喜欢在这一带流连，因为由两座学府孕育出来的大学城，不但有书香四溢的人文盛事，还有青青子衿的浪漫纪事。

2015年初夏，我如识途老马般地找到哲学大师殷海光的故居——坐落在温州街最隐秘的巷弄中。高中时接触罗素、尼采哲学时，即仰慕他的声名，因此对于他的居所、生活剪影，也怀有高度的好奇。

由庭园往大门方向取景，烈日当空下，这个庭园内布满树叶的阴影。

宁鸣而死　不默而生

两度造访殷海光故居，碰巧都在燠热的午后。穿梭在温州街的巷弄里，只能靠头上戴的帽子，及手上撑的伞遮挡烈日。因为足以遮阴的大树，全部围进一家一家的庭院里了。

拐进 18 巷 16 弄之后，终端一扇粉青色的门，不起眼的立在高入云天的大树下，相当朴实无华，颇有自由主义者两袖清风的格调。

尽管夏日炎炎，院落里也无处不重叠着叶片的阴影，影影绰绰，一片与世隔离的清凉！

故居的前身其实是个警卫亭，1956 年确定安排殷海光一家迁居此地后，才将警卫亭拆掉改建成住宅。故居总面积约 750 平方米，庭院占地宽广，但房舍仅 60 余平方米大，设有一房一厅与厨卫等基本设备，可见当局并未大兴土木，仅提供生活的基本需求。建筑体虽采用日式木造结构，却未设置玄关区，地板改为磨石地面，玻璃窗门外也多了一道纱窗门，因为蚊虫实在太多、太凶。

殷海光于 1949 年来台后，即获聘为"台湾大学"的讲师，入住人文荟萃的"台大"宿舍区理所当然，但这个 16 弄底的原貌，既是警卫亭，又堆满垃圾，根本不属于宿舍的腹地，特别为殷海光打造"居所"，其实是带着"贬抑"的意味。

自从《自由中国》杂志社、"文星书局"等异议机构，遭到政府查禁、整肃，一票反威权的文人学者就受到党、政、军的监控和打压，雷震、胡学古等人入狱，殷海光虽逃过一劫，却被软禁在这个深巷荒园之中，忧郁度日。

紫藤文化协会秘书长张维修，对于哲学家的遭遇相当感慨：

其实这说不上是配 "宿舍" 给他，而是台湾大学对待殷海光的一种表现。台北市这么多的日式建筑群中，也唯有殷海光住所是这样的格局，置于巷底且宅院后方是瑠公圳，仅有一个出入通道。这样的格局，正有利警总监控其行动和来往人士。

从意气风发的自由主义学人，到退守深巷的囚鸟，"宁静"成了殷海光最需求的精神食粮，殷夫人夏君璐曾经写道：

家里绝对容纳不下机械文明，包括电视、电话、收音机，都不准进家门，他认为机械文明的结果，第一是破坏了宁静的生活。

仅约 6 平方米大的客厅，除了桌子、座椅之外，似乎真的容不下电视机。虽然当时刚出产的黑白电视，体积都不大。但书房紧临着客厅，加上木造隔间难以"隔音"的缺点，电视或收音机传出的音响，确实都会对埋首书堆的学者造成巨大的干扰，而"安静"，仿佛是殷海光受到打压后，一种不得志的沉默抗议。他曾经如此形容自己当时的处境：

我自命为五四后期人物。这样的人物，正像许多后期的人物一样，没有机会享受到五四时代人物的声华，但却有份遭受着寂寞、凄凉与横逆。

不过这位"宁鸣而死、不默而生"的思想巨人，却得到其最桀骜的门生——李敖的高度推崇：

先一代的蛟龙人物，陷在这个岛上的，我看来看去，只有两个人够格：一个是胡适，一个就是殷海光。我大学时代，胡适已经老态，蛟龙气质，已经像丁尼生笔下的荷马史诗英雄，无复五四时代的风光；殷海光则如日中天……他的蛟龙气质，自然使我佩服。

哲学家的自由主义

殷海光本名殷福生， 1919 年出生于湖北黄冈一个传教士家庭。13 岁那年，由伯父殷子衡（辛亥革命志士）带到武昌求学。其时，殷海光桀骜不驯、任性恣为，只爱研读有兴趣的学科，没兴趣的科目皆不及格。父亲认为他不堪造就，便令他辍学，改送食品店当学徒。他苦挨 8 个月后，逃回家乡继续求学。

殷海光在中学时期即迷上哲学，16 岁已在《东方杂志》发表文章。高中毕业前往北平，殷海光摄于故居书房中。

亲自向金岳霖[1]、熊十力[2]等名师问学。1938 年考入西南联大，正式师从金岳霖。

金师曾经对殷生说："时下流行的书，多是宣传，我是不会去看的。"据说这段话对他影响很大，"如同喝咖啡一样，要喝就喝最好的，否则宁可不喝，对于读书态度，亦复如此。"

1942 年，殷海光考入清华大学哲学研究所，1945 年投笔从戎，加入青年军，后因不适应军队生活回到重庆。1946 年获聘为中央日报主笔及金陵大学讲师。在从事新闻工作的经历中，接触到黑暗的政治秘辛，渐渐对国民党的统治产生疑虑，埋下日后勇于批判威权的原因。

1949 年，殷海光来台担任"台大"讲师，开设了一系列逻辑学、科学与哲学、罗素哲学[3]等课程，并参加由胡适、雷震、傅斯年创办的《自由中国》杂志，成为编委。

1954 年，殷海光以访问学者名义，赴哈佛大学研究讲学。一年后回到台湾，除了在"台大"任教，也为《自由中国》和香港的《祖国周刊》撰写大量的政论文章。他以科学方法、自由主义、民主精神为准绳，批判"披着民主外衣、施行独裁专政"的体制。

殷海光因为在台大教授逻辑学的风采而闻名学界，其门生弟子如林毓生、陈鼓应、李敖后来都成为一方大家；他也因为身为宣扬自由民主思想的文胆而活跃一时，但也因此成为当权者及保守势力的眼中钉。

经济学者夏道平形容殷海光的性格：

他锲而不舍要陶铸成理想中的自由主义者！

① 1914 年，金岳霖毕业于清华学校高等科，同年官费留美，于 1920 年获美国哥伦比亚大学政治学博士学位。1925 年回中国，清华大学聘请金岳霖讲授逻辑学。秋天，创办清华大学哲学系，任教授兼系主任。1938 年，任西南联大文学院心理学系教授兼清华大学哲学系主任。
② 熊十力被《大英百科全书》称为 20 世纪中国最杰出哲学家。他在儒学价值系统崩坏的时代，重建儒学，是新儒家的实际开山人物。他的三大弟子牟宗三、唐君毅、徐复观，于 20 世纪后半叶，在中国香港、中国台湾、东南亚地区的新儒家风潮中扮演领导角色。
③ 罗素是英国哲学家、数学家和逻辑学家，致力于哲学的大众化、普及化。在数学哲学上认为数学可以化约到逻辑。哲学方面，最大的贡献是创立了逻辑分析哲学，于 1950 年获得诺贝尔文学奖。

大江东流挡不住

1960 年，台湾社会兴起另组反对党的理论与行动，当时殷海光与夏道平两支雄辩涛涛的笔，在《自由中国》半月刊奋笔疾书，严厉批判时政，尤以社论《大江东流挡不住》最为有名，最后终于触怒了蒋介石。结果是《自由中国》被查禁，发行人雷震入狱，殷海光遭软禁于温州街宿舍，其大部分作品也成为禁书。

殷海光虽看穿专制集权者的虚妄，但也反对以分离主义的方式来争取民主，以免堕入"民粹"与"乌托邦"的深渊。

揆诸近年发生在台湾的政治学潮及反对运动，一再逾越民主政治的法度，早已堕入"民粹"的深渊，显见殷海光是真知灼见的思想家。

殷海光的学生们也强调，他并非死抱西方民主理论的学者，恰恰相反，他具有强烈的中华民族情怀，反对"台独"和种种分离主义。

1960 年，殷海光被《中国季刊》围剿，指其为"文字卖国者""知识诈欺者"，甚至指责他"从事煽动颠覆"。1964 年，他每月可支领的 60 美元"发展科学补助金"被撤销了，这笔收入相当于其一家半个月的生活费用；接着，又查禁他的著作《中国文化的展望》，版税收入也因而中断。

1965 年 9 月 14 日，殷海光修改了译作《到奴役之路》的自序内容：

我近年来常常想，人生就过程来说，有些像一支蜡烛。这支蜡烛点过了以后，永远不会再燃了……世界上最刚强的人是敢于面对逆意的现实真相的人，以及身临这样的真相而犹怀抱理想希望的人。现在，我像冰山上一支微细的蜡烛。这只蜡烛在蒙古风里摇曳明灭。我只希望这支蜡烛在尚未被蒙古风吹灭以前，

互相扶持的一家人，左起殷文丽、夏君璐、殷海光。

有许多支蜡烛接着点燃。这许多支蜡烛比我更大更亮，他们的自由之光终于照遍东方的大地。

1966 年 4 月 8 日，殷海光应邀在"政治大学"发表《人生的意义》的演讲，受到学生热烈的欢迎。这是他最后一次公开演讲，该篇演讲稿被收录于香港的中学语文课本之中。这次演讲也受到监控与施压，差一点被取消。同年 7 月，"台湾大学"不再续聘，殷海光遂转任"教育部"委员。1967 年，再获哈佛大学邀请，前往研究中国近代思想，但已被限制出境。

自此以后，殷海光被迫与知识青年隔离，凡是被冠以"殷海光的余孽"的"台大"哲学系教师也一一解聘，人数之多几乎令哲学系关门。不久，海耶克教授① 到台湾访问，台湾当局也禁止两人晤谈。殷海光的生活起居受到全面监控，不堪身心双重折磨，罹患胃癌，病中又嗜食芒果，并坚持阅读写作不辍，1969 年病逝，享年仅 51 岁。

殷海光深受罗素、波普和海耶克影响，一生著述甚多，其中最具影响力的是翻译海耶克的《到奴役之路》，以及德贝吾的《西方之未来》，著有《中国文化的展望》《政治与社会》《殷海光全集》。

哲人日已远　典型在夙昔

1953 年 10 月，殷海光与自"台大"农化系毕业的夏君璐结婚。1956 年 3 月，夏君璐生下女儿殷文丽。

夏君璐生于 1928 年，出身名门，父亲夏声将军曾追随孙中山参与辛亥革命。当她满 18 岁时，在重庆家中认识 27 岁的殷海光，两人一见钟情，但一直分隔两地，直至 1949 年夏君璐只身抵达台湾基隆港，才和殷海光重逢。

两个人的爱情是靠着频繁且艰难传递的信函建立起来的，他们的情书历经战乱，由重庆到武昌、到南京、到湘潭、到广州、到台湾。殷海光去世之后，这批信函又随着夏君璐飞到美国，再历经 15 次搬家，依然保存完好，可见得殷夫人对于夫君留下的只字词组，至为爱惜与珍重！

2011 年，《殷海光全集》18 册由"台湾大学"出版社整理问世，第 18 册就是《殷海光、夏君璐书信录》。

夏君璐刚生下女儿不久，就随着夫君进驻温州街的绿色小屋中。由于住宅格局偏小，因此每个隔间皆有门相通，仿佛每一间都是书房、是客厅又是卧室。屋内除了桌、椅、床、

---

① 弗里德里希·海耶克是奥地利出生的英国知名经济学家和政治哲学家。以坚持利伯维尔场资本主义、反对社会主义、凯恩斯主义和集体主义而著称。《到奴役之路》是他获得诺贝尔经济学奖的最知名著作。

昔日的卧房，左边的门通往客厅、中间的门与书房相通，右边的门通往后院，间间相通。

柜等基本的家具，没有多余的装潢，最多的是"窗子"。夏君璐表示：

殷海光生前最怕闷，一入住就为屋子多开了好几扇大窗。

哲学家的书房极小，也开了两大面窗，于此读书、沉思，正好可以向美丽的庭院汲取灵感。

尽管黯然离开讲学的殿堂、离开笔耕的论坛，受困于深巷暗弄，殷海光坚毅的自由思想仍然不受束缚，如荒漠般宽阔的庭院，成了他发挥创意、发泄精力的开垦园地。夏君璐回忆：

刚搬进来满院垃圾，没有一棵树。我们拿出西部拓荒的精神，辛苦经营，使一片荒地变成有山有水的小花园。

哲学家为这个家园凿河、塑山、建池，采取的是愚公移山的精神，因此他为院墙边开凿的小河，取名"愚公河"，河堤上种了一排树、河里栽种了白色及粉红色的睡莲。开辟河道的弃土，则集中堆成一座小土阜，称"孤凤山"，山上种植芳香四溢的桂花，并陈设石桌、石凳，供一家三口餐宴、谈心，也供门生及友人登门畅论学问。

当初可能想引流公圳的水源入河床，但水圳停用后，殷家的河道也堵塞了，水道干涸了，有睡莲添景、桂花飘香的美丽景色已不复存，现已呈现一片荒芜的景象。

据说每至燠热的夏季，庭院就会滋生可观的蚊虫。"殷海光基金会"计划未来争取到经费后，能重新整治，并将"愚公河"改为生态池。

位于房舍和孤凤山之间有一个水泥打造的池子，是父亲送给独生女最豪奢的礼物，

殷文丽曾撰写一篇追忆文章《父亲为我造了一个园子》：

　　他对家里的庭园设计很成功，他为我用水泥做了一个游泳池，让我和朋友一起戏水，他还花了两年工夫亲手挖了一个长形荷花池，并堆起一座小山。在这个园子里，我曾与小狗在山坡上打滚、抓蝴蝶、解剖青蛙、烤肉、种玉米、钓鱼、仰观星斗与探险……有几个父亲用他的双手在繁华的台北市为他的女儿创造出这种天地？

　　庭院内繁茂的大树、灌木，多半是殷海光迁入以后栽种的，悠悠乎一甲子了，近门口的面包树及院中的椰子树、罗汉松，已从树苗长成参天巨木，市井巷弄中的住宅庭园，竟蔚为野趣森森的小丛林，主人翁生前可能料想不到，他亲自培植的植物，因没有刀斧雕琢、美学陈设，竟似感染了自由不羁的作风，恣意生长、茁壮，几乎抢走了低矮的房舍的主角地位。

　　这位胡适思想的接棒者，是以"献身"的方式启发了台湾后来的民主运动。但今日还有多少后学，认识这位唾弃"民粹"假象、服膺民主真谛的哲人呢？

　　哲人日已远，典型在夙昔。

　　殷海光过世之前有个遗愿，希望妻子能带女儿离开台湾，免于被迫害。夏君璐遂于1971年只身赴美，先在华府帮佣谋生，又至餐馆打工，两年后才把当时念台北市立第一女中的殷文丽接到美国，充分展现她为人母的坚强韧性！

　　2013年11月，夏君璐病逝于美国圣荷西，享年85岁。

开放时间：周二至周六 10:00 — 17:00
地　　址：台北市大安区温州街18巷16弄1-1号
电　　话：00886-2-2364-5310

台北的田子坊永康商圈

今日的永康商圈其实是随着物换星移，逐步形成的知名文创商业区，并不像上海的田子坊经过设计与规划。但集美食、文创商品于一体的丰富与繁荣，则大同小异。而且永康街比田子坊的巷弄开阔多了，故游逛其间，更能享受舒适的悠闲感。

从 1971 年起，永康街商圈以"永康公园"为中心，向四周辐射发展成形，范围慢慢扩及信义路 2 段、金华街、丽水街、部分的金山南路 2 段巷弄。尤其是长约 500 米的永康街，聚集着包括台湾名小吃在内的世界各地美食、风格咖啡馆、中式创意服饰、异国创意服饰，形成台北市最具特色与人气的文化美食商圈。

台湾闻名中外的餐馆"鼎泰丰"，就是从永康街发迹成名的。鼎泰丰位于信义路与永康街的交口处，每到用餐时间，窄窄的门廊即挤满排队的人潮，既蔚为奇观，也每每影响交通。但台北市民，来自台湾各地、世界各地的游客，为了品尝皮薄馅鲜、汤汁满溢的小笼汤包，无不耐心等候，等着再挤进狭窄的 2 楼、3 楼用餐区，一饱口腹之欲。幸好，鼎泰丰已在台北几个大百货商场内设立新据点，例如台北的 101 商场、复兴 SOGO 馆等。

继鼎泰丰之后，十余年前，永康街 15 号开设了一家冰果店。以台湾水果之王——爱文芒果为材料，制作出新鲜浓郁的芒果冰招揽饕客。果然一炮而红，大排长龙的景象立即转换至 15 号冰店前，且每到假日一位难求，寒冷的冬天，生意也不见冷清。

这两家美食店的崛起与叫座，大大助长了永康商圈的人气。

在网络购物未盛行以前，喜欢搜购中国风、异国风服装、饰品的女士们，也会前来寻宝、购物。逛累了，找一家有香饮、有窗景、有音乐的咖啡馆歇歇腿，仿佛享受了旅游异国的乐趣；或就近走到三角形的公园树荫下休息，观看孩子们在游乐场嬉戏的天真与可爱，也颇能消疲解劳。

这是一个有美味、有色彩、有绿意、有欢笑，老少咸宜的文创商圈。

一

二 三

一　永康街聚集了众多美食与各类文创商品。

二　知名的鼎泰丰创始店，就位于永康商圈。

三　最鲜明的15号冰果店，几度易主，但新鲜浓郁的芒果冰，滋味依然不变，依然吸引中外旅客。

台中立人园

压不扁的「将军玫瑰」——孙立人台中故居

位于向上路及民生北路交叉口的侧门，门旁黑色的石墙位置，即当年的卫哨站。

压不扁的"将军玫瑰"
孙立人台中故居

　　位于台中市向上路及民生北路交叉口，有一栋隐蔽于高墙内的大宅院，由于长期受到蒋氏政权的监视及控制，增添了它不可窥探、不可亲近的神秘色彩。

　　当年，就读于台中东海大学，偶尔经过这个宅院门前，跨坐在机车后座时，总会情不自禁地挺起脊背、伸长脖子，往水泥高墙内的绿树多望几眼。身为历史系的学生，对于院墙内的主人际遇，感触良多：中国历史中太多名臣将相，最后得以全身而退、安享天年者，比例实在太少了，"伴君如伴虎"，尤其又受着"功高震主"之累的名将，故事一个比一个壮烈。这栋宅院的主人——孙立人，就是当代最鲜明的一个实例！

"孙立人将军纪念馆"采用预约参观制。2015 年，笔者再度来到这个大宅院前时，早已远离青涩的学生时代。眼前的纪念馆竟有几分簇新，正红色的大门予人极富活力与热情的感受，莫非是"感时花应物"？莫非是个人对于"禁闭"与"解禁"两种情况的敏感与附会？大门即将开启，积淀近 30 年的好奇心终将得到满足！

将军卸甲守家园　挽袖抡铲种玫瑰

随着导览人员进入庭院后，并未直接进入室内参观，而是先被带到一株紧临民生北路侧墙的大榕树下听故事。原来民生北路与向上路交叉口的对街二楼，当年各设了一个监视点，以居高临下的角度，日夜监视着孙立人在宅院内的一举一动；连隔壁的杂货店，竟也是为了监视孙宅、掩人耳目而开设的。

位于两路交叉口的红色侧门旁，设了一个令人提心吊胆的哨站，戍守的卫兵配备着真枪实弹，以防前来"解救"孙将军的有心人士轻举妄动，这"有心人士"被当局假设为"欲扶持孙立人夺兵权"的美方政敌，那真是一个草木皆兵、气氛肃杀的恐怖年代！

1955 年，台湾政坛爆发"孙立人兵变事件"。孙立人的亲信部属郭廷亮被指控为"匪谍"，有兵变意图，孙立人也随即被蒋介石约谈，并以"纵容"部属武装叛乱，"窝藏共匪""密谋犯上"等罪名，公开革除其"总统府参军长"的职务。

后经陈诚等 9 人组织调查委员会彻查，"郭廷亮密谋兵变"属实。蒋介石先以孙立人抗战有功，特准予自新，并判处"长期拘禁"于台中市向上路寓所。拘禁孙立人之后，再将其亲信部属一一调离军职查办，前后有 300 多人与此案牵连入狱。

台中市向上路的这栋日式洋房是孙夫人早先购置的。孙立人被软禁于此后，出入均遭到特务监视，不能与外人交谈，薪俸也被取消，只能倚靠房产及积蓄过活。

寅吃卯粮长达 3 年的光阴，一家人生活陷入困境。孙立人只好在院中搭起鸡棚，以养鸡、卖鸡蛋为生，后来又在庭院右后方开辟花圃，种植玫瑰、兰花及圣诞红，由家人带往市场贩卖。其中以玫瑰花最受欢迎，附近居民听说是孙立人所种，无不捧场，并称之为"将军玫瑰"。

"将军玫瑰"虽只是一般的品种，但由一代名将之手培育而出，意义多少显得不平凡。这些玫瑰，竟让我想起知名的抗日作家杨逵所写的一段小说内容《压不扁的玫瑰》：

民国三十年至三十四年（1941—1945 年），岛上年轻人的踪影，一天比一天、一年比一年地少了。年纪大一点的，都到大陆、到南方，去做"东亚共荣的皇民战士"去了。叫做"学徒兵"的学生们，也都被派到山边海角各基地，去做日本帝国的"础石"去了……

我是一个数学教员，课也不要上了，天天同娃娃兵在那里混。看到青年们的学业蒙上了一层厚厚的泥土……

"喂，你看！"林建文丢掉了圆锹，蹲在墙角喊起来了。一阵娃娃兵围拢来，哇哇地叫，个个脸上都容光焕发。这是近年来很难看到的事情。

到底是发现了什么呢？

我正想走过去看看，军事教官吉田中尉却先到了。

"吵什么，吵什么！还不赶快把这里清理好，明天就要到飞机场去修跑道咯！"娃娃兵收起了脸上的春光，你看我，我看你，一个溜，两个溜……

我装成傻子，转向海面，望望在那里飘荡着的一条小船。我心正像它一样地飘荡着。

林建文是班上最小一个娃娃兵。他偷偷地看着吉田中尉走开了，

「将军玫瑰」依然盛开于艳阳下。

又把圆锹放下，两手用力想推开一个很大的水泥块，推得满脸通红……

"这个是什么？"我蹲下去一看，看到了被水泥块压在底下的一株玫瑰花。被压得密密的，竟从小小的缝间抽出一些芽，还长出一个拇指大的花苞。

我觉得这很有意思，便同他协力把那水泥块推开了。下面出现了一株被压得扁扁的玫瑰花。

我真高兴，并不是为了取得这么一株玫瑰花……高兴的是，它给我一个"春光关不住"的启示。在很重的水泥块底下，它竟能找出这么一条小小的缝，抽出枝条来，还长着这么一个大花苞，象征着在日本军阀铁蹄下的台湾人民的心。

这一段小说内容，也仿佛寓意了"冤情、冤狱所带来的屈辱，将有真相大白的一日"。不知道孙将军当年决定种植玫瑰花时，是否也读过杨逵的这本小说《春光关不住》？

孙家的花圃开阔而且平坦，艳丽的玫瑰花得以自由自在地生长、茁壮，反而是种花的主人，必须在石头缝里求生、求存、求得一丝丝尊严，孙立人的部队曾号称"蓝鹰部队"，这对一位曾经叱咤沙场，勇猛如鹰的将军，情何以堪？！

"将军玫瑰"这个称呼，无疑是对一位折翼的雄鹰的疼惜与怜悯！

左转走进铺满如茵绿草的后院，视野相当开敞辽阔，草木修葺、景观简净，实难以追忆当年，豢养的众多鸡只喋喋不休、扰人清梦的情况。

这是一栋建筑得相当讲究的日式和洋二馆，总面积约 1980 平方米，建屋面积约 264 平方米，四周庭院环绕，为日本统治时期最高等级的日本官舍。当时附近也全部是日式房舍，称为"大和村"，台湾光复后改为"模范村"。此官舍一度隶属彰化银行所有，后由孙夫人购得，因此，这一栋纪念馆仍属于孙家的私产。现在，孙家子女愿意无私地捐出一部分空间作为纪念馆，供民众参观追念，实属难得！

故居的木构外墙，原覆以深绿色的漆，据说孙将军特别喜欢代表军队的"绿"，这显然和蒋介石官邸，采用绿色以为隐蔽、防空袭的用意不同。现经台中市文化局改漆成粉青色，着实予人面目一新的"重生感"。整栋房舍仿佛浸润在自由的氛围里，巧的是，殷海光故居，不也改漆此色？

站在后院拍照取景，就可以明显感受到房舍气派的规模，呈"L"形的两道长屋，几乎是以大面积的"窗"作为隔墙，由此可以想见室内的每一个空间，应该都能吸纳温暖的光线与清新的空气。接近玫瑰花圃的终端，房舍又特别突出一段，并在屋檐下，伸出一片可以坐卧其上，享受日光浴的板台。幽禁此地，确实比其他身陷囹圄的政治犯幸运多了！

上　照片中较突出的一段空间，室内为佛堂，室外延伸出一片与内室地面等高的板台，极适合坐卧
　　其上享受日光浴。

下　故居呈"L"形，改漆成粉青色，显得更加开阔显眼。

客餐厅所在的长屋，由一道前走廊及后走廊夹着，此为临后院的后走廊。

战功彪炳扬四海　中国战神挫日军

接下来终于轮到我们这一导览梯次，进入室内参观。走到大门前，惯例仍得先脱鞋，才能入内。一进玄关，即见到孙立人巨幅的肖像画，正以亲切的笑容欢迎着到访的每一个人；但人物的背景却是"被诡谲幻变的云覆罩的崇山峻岭"，画家明显想表达出孙将军那种"大山崩于前面不改色"的英武气概。他在抗日战争期间，所建立的无数彪炳战绩，确实如肖像画所传达的：战况风起云涌、危机四伏，孙将军从容领军，一夫当关、万寇莫敌！

孙立人于1900年11月22日出生于安徽庐江县，父亲孙熙泽是清朝末年的举人，被派往山东任知府，举家迁往青岛，当时青岛为德国占领区。9岁的孙立人某天在海边玩耍，捡到一颗漂亮的石头，这时，来了几个德国小孩，想抢夺他手上的石头，于是联手欺负他，并辱骂中国人。儿时所受的侮辱令孙立人难以释怀，"自己的国家一定要强盛，才能够让人民活得有尊严"，这也成为他日后投身军旅的重要因素。

聪慧的孙立人随后以安徽省考生第一名的成绩，考取清华学校留美预科。在校期间成为篮球健将，以1.85米的身高担任球队的主力后卫，并在中菲日三国的竞赛中，赢得中国在国际大赛的首次冠军。由于孙立人热爱篮球，国民党军队撤退台湾后，他也成为早期军中篮球运动的倡导者。

1923年赴美，两年后取得普渡大学土木工程学士，受聘于美国桥梁公司担任设计师。期间有感于国运衰微，投笔从戎，考入维吉尼亚军校，接受严格的军事训练，1927年毕业，赴欧洲观摩英、法、德等国之军事单位。

纪念馆正门，先在此脱鞋才能入内，日式房舍多半铺上榻榻米或木地板。

1928 年回国，在国民党"中央党务学校"担任中尉军训队长。1932 年财政部长宋子文创建"税警总团"，孙立人出任第二支队上校司令兼第四团团长。税警总团配备精良的德国军械，排以上军官多由留美学生担任。在孙立人的训练下，官兵的教育程度以及学科、术科和缉私的水平，均优于其他部队。孙立人的第四团部属又在华东射击比赛中获得第一名，"孙式训练"逐渐崭露头角。

1937 年 10 月，孙立人率税警总团第四团投入淞沪会战，与日军血战两周，7 次击退强渡苏州河的日军，日军伤亡严重。但身先士卒的他也身受 13 处重伤，被送往香港治疗。伤势复原后，孙立人至武汉加入重组之缉私总队，担任少将总队长。1941 年，缉私总队半数兵力，由国民革命军重组为新编第 38 师，孙立人晋升少将师长，这支部队也成为国民革命军的主力部队之一。

1942 年 2 月，孙立人率新 38 师进驻缅甸，参加曼德勒会战。4 月，西线英军被日军包围于仁安羌，孙立人率领 113 团星夜驰援。18 日凌晨，会同英国安提司准将之战车，猛烈痛击日军，午时攻克日军阵地，歼敌一个大队，解除 7000 名英军之围，并救出被俘的美国传教士、各国新闻记者及妇女 500 余人。

"仁安羌大捷"是中国远征军入缅后第一个胜仗。孙立人以一个团不满千的兵力，击退数倍敌军，救出近 10 倍的友军，威震四方。蒋介石颁发"四等云麾"勋章、美国罗斯福总统亦授予"丰功"勋章，英王乔治六世则授予"帝国司令"勋章，孙立人为获得此勋章的第一位外籍将领。

仁安羌战后，孙立人听从中国战区参谋长史迪威之命，掩护英军撤退印度，但第一副司令官杜聿明选择遵从蒋介石之令撤往云南，致使其部队遭受日军追击，于野人山伤亡过半，孙立人虽派兵前往搭救，但两人已种下不同路的心结。

1942 年 8 月，先后到达印度的中国远征军新 38 师和新 22 师，进驻印度兰姆珈训练基地，番号改为"中国驻印军"，开始装备美军军械，接受美式训练。

1943 年第二次中缅印之战，孙立人面对的是号称"丛林作战之王"的日军第 18 师团，此师团一向以优异的单兵作战能力及先进的装备，屡屡压倒性战胜中国军队。但在胡康河迎战孙立人率领的"中国驻印军"，却遇到最顽强的攻击。8 月 3 日，中美联军克复密支那，驻印军大败第 18 师团，歼灭日军 2 万多人，中国战区参谋长史迪威称此战为"中国历史上对第一流敌人的第一次持久进攻战"。

中国驻印军攻克密支那后，进行休整扩编为新一军，1944 年 10 月反攻缅北的第二期战斗，孙立人再率新一军连续攻取缅甸八莫、中国南坎、芒友等日军据点，终于打通中印公路。随后，又逐步消灭中缅印边界的所有日军部队，第二次中缅印战役胜利告终，孙立人因屡战屡胜获颁"青天白日"勋章。

两次中缅战役，孙立人和他的新一军，共歼灭日军 33000 人，其运用的战术备受西方联军肯定，赢得"东方隆美尔"之誉；之后，连溃败的日军都尊称他为"中国军神"。

长胜将军功震主　迫退台湾练新军

1945 年 5 月，孙立人率新一军返抵广西南宁，准备反攻广州。8 月 15 日，日军战败投降后，新一军进入广州，建造印缅抗日阵亡将士公墓，再进行休整与扩充，成为国民党军五大主力之一，号称"蓝鹰部队""天下第一军"。

1946 年，将介石电召孙立人率新一军至东北，解四平街会战之危，孰料杜聿明为掩饰自己指挥不力，竟诬告孙立人作战不利，骄横跋扈。鉴于孙立人与杜聿明不和，孙立人又无法号令东北军，将介石遂将他调离东北，出任陆军副总司令兼陆军训练司令官，

右　火炬图腾，为孙立人在台建立新式陆军之标志。

左　此一头戴斗笠、赤膊、着红色短裤的军人，为初期台湾陆军在训练时的装扮，手拿火炬代表陆军奋勇不懈的精神。军人骑马也是孙将军最爱的骑兵形象。

并在南京成立陆军训练司令部，负责新军训练。

1947 年 11 月，失去兵权和战场的孙立人，只好将陆军训练司令部迁到台湾高雄县凤山镇，并从新一军征调数百名在税警总团和在缅甸作战时期的干部，一同前来台湾训练新兵，建立新军。

孙立人致力于军队现代化，整编撤退来台的国民党军队，建立完善的兵役制度与预备军官制度。

孙立人去台后，部分军民也相继来台。兵荒马乱之中，不少未成年的儿童，或因父母失散，或因父兄阵亡，流离失所。国民党军队沿途收容这些孤儿，寄养军中，或充杂役、或任传令。但部队中夹杂未成年之娃娃兵，难免损及军威、影响战力，遂有集训"幼年兵"之议。

孙立人在台成立"陆军第四军官训练班入伍生总队"时，也收留了一连幼年兵，后来因兵员越来越多，便成立"幼年兵营"。但幼年兵太小，无法接受军事训练，只能着重于生活与思想教育。幼年兵按初小、高小、初中三级分班编队，由队职干部任教，以寝室兼教室、图板作为课桌，设备虽简陋，同学们却十分用功。

孙立人对幼年兵关怀备至，每月必派员或亲自巡视营区一次，并透过关系争取"美援"（当时国民党军队尚未接受美援），每月发放桶装奶粉煮稀饭，每天供应维他命及酵母片补充营养。此外，又提供美式睡袋及海军蚊帐，令孩子们安稳入睡。点点滴滴细枝末

孙将军向幼年兵介绍大象林旺。在1943年的一场战役中，中国驻印军不费一枪一弹便俘虏了为日军工作的林旺与其他12头亚洲象。日军利用这群大象来运补物资及拖拉大炮，盟军的用途也十分类似。此时林旺的名字叫「阿妹」。12头大象和它们的骑师及骡马队经由滇缅公路回到中国，但是在这趟艰难的旅程中，有6头大象不幸身亡。据说当年台湾的幼年兵和女兵们，于周一孙将军主持完周会后，都喜欢到操场探望大象林旺。

节的照顾，犹如父亲对儿子的关怀，孙立人因此博得"幼年兵之父"的美名。

孙立人培训幼年兵的宣传海报，也展示于纪念馆中，参访的民众，均特别关注这难得一见的历史档案片。更令人意外的是，海报中还有一张孙立人向幼年兵介绍一头大象的影像。当导览人员说明照片中的大象，就是陪伴台湾五六十年代的人们长大的"林旺"时，又引起一阵哗然，没想到大象林旺竟是孙立人由缅甸带回台湾的，它是曾在中国远征军中服役的缅甸籍"战象"！

但善待、友爱部属的孙立人，与同侪将领间却一直格格不入，一方面是个性过于直率、自负，不善于协调、折中，亦不懂得迂回与逢迎；一方面是非黄埔系出身，又非国民党党员（到台湾才加入国民党），始终无法获得蒋介石的信任。

而孙立人之所以遭到软禁，美国对他的推崇与信任才是关键所在，这情况早令蒋介石心生猜忌、戒慎防备。抗战胜利后，美国总统艾森豪威尔邀请孙立人参观欧洲战场时，蒋介石就曾直接质问孙立人：

艾森豪威尔邀请你，为什么不邀请我？

根据美国解密档案，1949年初，美国国家安全会议曾经多次讨论"弃蒋保台"的对华政策，而孙立人正是美方属意"取而代蒋"掌控军权的不二人选。

1949年2月12日，美国远东最高统帅麦克阿瑟将军，邀请正在台湾练兵的孙立人飞往东京，共商"防卫台湾"大计，麦克阿瑟暗示孙立人：

我们不能让台湾这艘"不沉的航空母舰"落到共产党手里，所以有意请阁下负责巩固台湾，而由我们美国全力支持。

但孙立人不为所动，再三表示：

孙立人的书房。书房中最值得一提的文物为书桌前的 4 个椅凳，它们是由大象"阿沛"的脚制成的标本。阿沛即林旺在缅甸时的伴侣。孙立人最后只带着林旺及阿沛来到台湾，在高雄县凤山的军事基地附近从事搬运原木及一些简单的工作。1951 年，母象阿沛因感染寄生虫死亡，部属们便将它的脚制成标本，送给孙立人留存纪念。1954 年，孙立人将林旺送给当时位于圆山的台北市立动物园，动物园为它改名林旺，从此成为孩子们心中的动物明星。

我忠于蒋介石，不能临难背弃，台湾军队悉由蒋介石指挥……我只会打仗，不会搞政治，不会领导反共。

回到台湾之后，不谙政治权谋的孙立人，如实向陈诚与蒋介石汇报美方的想法。1950 年底，又对担任"国防部"总政治作战部主任的蒋经国，以政工制度破坏现代军事体制，表达不满之意，并对当时主管"警备总部"的彭孟缉不假辞色。

1954 年 1 月 30 日，蒋经国所领导的总政治作战部，有一份经其批示"如拟"的"调查报告书"，特别针对孙立人的调查案做了如此描述：

甲员（孙立人）孤傲自负，绝难忠于领袖、忠党爱国，为一有野心、有企图之心的封建思想人物。

1954 年 6 月 24 日，蒋介石任命黄杰为陆军总司令，将孙立人调任毫无实权的"总统府参军长"。12 月 3 日台湾和美国签订相关文件，蒋氏政权在获得美国充分保障后，已不再需要依靠孙立人来维系和美国的关系。

这时候的孙立人已处在"四面楚歌"的危机中。

侠女治家有方　战将沉冤得雪

1955 年 3 月 8 日，情治人员来到台北南昌街的陆军"总司令"官邸，要求孙立人迁出官邸，移往台北近郊的新店，一个既偏僻又易监视的处所，孙立人从此失去了自由。但新店的住所需自付租金，山中湿气又重，孙立人要求软禁于台中的自宅。

孙氏一家得以迁至气候宜人的台中自宅，应感谢孙夫人张晶英理财治产有方。孙立

235

右　红色的西式沙发椅，据说都是从大陆带过来的，在日式古逛里散发着民初的上海情调。

左　郎才女貌的孙立人与张晶英，同样英气勃发。

人一夕间从将军变成囚徒，也失去军人所享有的月薪和退休奉。接下来的日子，完全靠张晶英变卖首饰及预存的一点现金来支付一切开销。

张晶英是孙立人的第二任妻子。1930 年在南京的一次舞会上两人相识，当时孙是一名低阶军官，张是汇文女子中学的学生，两人一见钟情。但孙立人在 20 岁时，已由父亲安排娶亲，受新思潮影响的他，同样以飘忽不定的留学与军旅生活为借口，将元配远远地抛在老家侍奉公婆。

张晶英是位如侠女般性情的湖南妹子，她不顾家人反对，1930 年高中毕业，立刻与孙立人在上海举行婚礼。结婚多年后，发现自己不能生育，心胸坦荡的她几度劝说丈夫再娶一位"如夫人"，为孙家延续香火。但孙立人对张晶英至情不渝，从不嫌弃妻子的不孕，倒是张晶英一直积极地为丈夫物色对象。

张晶英最初中意的人选，是一位自金陵女子大学毕业的高才生黄正。她特别安排相貌秀丽的黄正担任孙立人的英文秘书。20 岁的黄正与 50 岁的孙立人，很快坠入爱河。未料不久，黄正与姐姐黄珏受到"军机泄密"的牵连，身陷牢狱。孙立人四处求情，企图搭救未果，因为孙早已自身难保，"黄氏姐妹案"乃蒋介石翦除孙立人羽翼的前奏曲。

黄正被捕后，张晶英只好另觅人选。不久，张晶英撮合一直在孙府当管家的张美英，嫁给孙立人。纯朴善良的高雄姑娘张美英，终于为孙立人生下二子二女，孙立人在年过半百之后，终得子女承欢膝下。孙立人长达 30 多年的幽禁生活，也是张美英与他相濡以沫、互相扶持。张晶英常年住在台北，吃斋念佛，逢年过节才回台中和家人团聚。

张美英十分敬重张晶英，要求孩子们喊她"妈妈"。张晶英在家时，自己就退居厨房煮饭做菜。4 个儿女也很孝顺，他们与亲生母亲说闽南话，与张晶英以"普通话"交谈，讨其欢心。张美英也一直没有正式的名分，她从不抛头露面，需要夫人出席的场合，均由张晶英出面。

孙立人的 4 位子女，是以"中国安定、天下太平"来取名的，分别为中平、安平、天平及太平。他对子女采取军事化教育，极为严格，吃饭拿筷均必须符合部队训练的标准，行住坐卧也必须端正，一丝不苟，他也亲自教导孩子们中、英文学业。但他很少在子女面前提到过往的丰功伟业。子女们在学校也遭到讥讽及冷眼的对待，幸好他们均相当争气，分别以优异的成绩获得硕士及博士学位。

1960 年，孙立人卖掉阳明山的一块地，再以这笔获利，在台中近郊"大坑"买下另一块地作为果园，以种果树为生。果园除了可贴补家用，更重要的是提供孙氏一家接近大自然的机会，也让孙立人得以抒伸长期积压于胸中的不平之气。

1988 年 1 月，蒋经国逝世，长达 60 年的蒋氏统治终于结束。3 月 20 日，"国防部长"郑为元特地到台中孙宅，当面向昔日长官报告，此后享有言论及行动等充分自由的消息。

3 月 22 日，"兵变案"关键人物郭廷亮也发表声明：

他当年是在保密局局长毛人凤指使下才诬陷孙立人。

当时记者问孙立人对"平反"有何感想？孙立人反问：

孙立人接待宋美龄（右二）参观其于 1949 年 3 月 8 日创建的「女青年工作大队」。二等女兵接受训练后，即分发各地从事政治教育、康乐活动、战地服务、儿童福利等工作。黄正当时也是女青年大队主要干部，负责接待来访的中外来宾，及照顾新兵、幼年兵等工作。黄正姐姐黄珏后来也从广州来台，加入女青年大队，任组长。（左一为黄珏，宋美龄旁为张晶英）

在女青年工作大队中，「黄正二姐妹」，因相貌端丽又能干，在当时的凤山部队中颇有名气。黄正后来赴美成为作家，将当年故事写成《烽火俪人》一书。（左为黄正，右为黄珏）

从未反过，何平之有？

5月，李登辉下令解除对孙立人的软禁。此刻孙立人已高龄88岁了，虽恢复自由身，但冤情仍未获得平反。孙立人义子"揭钧"及昔日的部属，也一直为此奔走陈情。

1990年11月19日，孙立人病逝于台中，享年90岁。一代名将，一世忠臣，还是含冤走了，所幸身后的排场备极隆重：

当时的"参谋总长"郝柏村，派陆军"总司令部"办理治丧事宜，李登辉颁发褒扬令，宋美龄也送了花圈，丧礼由新任"国防部长"陈履安①主祭。维吉尼亚军校也派代表覆旗，覆旗官由许历农、罗本立、温哈熊、黄幸强等高级将领担任，安葬于军方的东山墓园。

在孙立人的葬礼上，张美英送上挽联，将张晶英和自己比喻为"大乔与小乔"，表示甘愿做孙立人背后的女人，默默付出。

张晶英或称张清扬居士，星云大师视其为救命恩人。因星云大师初抵台湾时，乡间间竟谣传大陆来了600个佯装出家人的间谍，星云大师和慈航法师等多位僧尼，一度身陷囹圄。幸赖张清扬居士等多方奔走，才获得释放。

张清扬居士一生护持佛教不遗余力，她慷慨出资，助兴善导寺；变卖首饰，从日本引进《大藏经》；设立益华书局，大量出版佛书。临终前，又将自家住宅托付给星云大师，言明作为佛教文化之用。

1992年7月，张清扬居士往生后，星云大师为了报恩，为她安排往生佛事，并将她的骨灰奉安于佛光山的万寿堂。

① 陈履安为当年调查孙立人案"九人小组"首席"副总统"陈诚之子。

放在书房外面的两尊小沙弥塑像，由星云大师赠送，以感谢孙夫人当年"解危之恩"！

　　郭廷亮于 1988 年获得假释返回台湾。1992 年 11 月 16 日，在中坜火车站，郭廷亮于缓缓滑行的火车上不慎坠落月台，送医后不治身亡，死因极为离奇。

　　1998 年，孙案涉案人及家属要求"监察院"公布当年的"五人小组"报告，并还原真相。2001 年 1 月 8 日，"监察院"通过决议：称孙案乃"被阴谋设局的假案"。专门研究此案的朱浤源教授也表示，找不到任何证据证明孙立人有军事叛变行为。

　　孙立人去世 10 年后终于含冤得雪。

　　孙立人将军纪念馆于 2010 年 11 月 21 日揭幕，来自海内外逾两百名孙立人旧部、亲属和台中市市长胡志强共同出席开幕仪式，此时距离孙立人逝世，又经过整整 20 年。

　　20 年已足够让一棵小树苗长成一株大树！

开放时间：每月双周周日开放（需预约）上午 9:00～下午 16:00 开放参观道览

地　　址：台中市西区向上路一段 18 号

电　　话：00886-04-22290280 分机 507（周一至周五 9:00～12:00、13:30～16:30）

以行草书"中"字作为标志的草悟道地标

台中人文商圈

　　距离孙立人纪念馆仅两个街区，有一片美丽的林荫步道，台中市政府定义其为"艺文行草绿园道"，简称"草悟道"。这是根据书法的行草艺术，将全长3.6公里的绿园道，打造出充满生命律动感的都会休闲空间。范围包括"自然科学博物馆"、勤美诚品绿园道、市民广场、亚致大饭店、"台湾美术馆"、美术园道美食街等旅游观光据点。

　　所谓行草，古人解释为："计白当黑，首字领篇；左右挥洒，疏密相间；密不通风，宽可跑马。"草悟道即依据"行草艺术"所架构之空间章法，将绿园道打造出都会特色区域，

以形塑"行草悟道"的概念，英文名称为"Calligraphy Greenway"。

现在，草悟道上集结了无数风味咖啡馆、各国创意美食餐厅，加上"勤美术馆"的新锐文创艺术展，及不定期的文艺表演活动，已成为台中市最吸引观光客巡访、探奇的人文商圈。

2011年，台中的范特喜微创文化有限公司，又利用草悟道附近中兴街1巷、美村路117巷的闲置老建筑，以"绿建筑"的概念进行改造，再陆续引进与文创相关的"微型创业者"，共同营造生活创意聚落。如今，这个结合新创意与古老味的巷弄型商圈，已成为年轻创作者实现梦想的基地，在这里，更能品味台湾充满梦想与创造力的人文风景。

右
绿光计划特区的异国风服饰店，也是一个可以歇腿、赏景的休闲角落。

左
绿光计划特区内，犹如艺术工作室的咖啡馆。

243

参考文献

《蒋介石、宋美龄——台湾传奇》，王丰著，台北，博阳文化，2010 年版。

《生活的艺术》，林语堂著，台北，远景出版社，2005 年版。

《林语堂传》，林太乙著，台北，联经出版公司，2011 年版。

《在蒋介石宋美龄身边的日子：侍卫官回忆录》，汪日章，居亦侨，王正元著，北京，团结出版社，2005 年版。

《破译宋美龄长寿密码》，窦应泰著，作家出版社，2007 年版。

《蒋介石私人医生回忆录》，熊丸口述，北京，团结出版社，2010 年版。

《张大千的后半生》，黄天才著，台北，羲之堂文化，2013 年版。

《行走的画帝——张大千漂泊的后半生》，文欢著，花山文艺出版社，2007 年版。

《细说民国大文人——那些国学大师们》，民国文林编著，现代出版社，2014 年版。

《钱穆逝世 20 周年——百感交集 20 年》，钱胡美琦，台北，《联合报副刊》。

《红叶阶前——忆钱穆先生》，齐邦媛，台北，《联合副刊》。

《张学良口述历史》唐德刚著，台北，远流出版事业股份有限公司，2009 年版。

《清泉故事》丁松青著，台北，皇冠出版社，1993 年版。

《遇见三毛》丁松青著，台北，皇冠出版社，1992 年版。

《张学良传》张魁堂著，台北，东方出版社，1993 年版。

《乱世浮生》帅彦著，北京，中华书局，2007年版。

《雅舍小品》梁实秋著，台北，正中书局，2008年版。

书中部分内容参考自百度百科、维基百科等网站资料。

图书在版编目（ＣＩＰ）数据

从千山到万水 / 刘雨菡著. -- 北京 ：团结出版社，
2016.7
ISBN 978-7-5126-2491-7

Ⅰ．①从… Ⅱ．①刘… Ⅲ. ①散文集－中国－当代
Ⅳ. ①I267

中国版本图书馆CIP 数据核字(2015)第 272325 号

出　　版：团结出版社
　　　　　（北京市东城区东皇城根南街 84 号　邮编：100006）
电　　话：（010）65228880　65244790　（出版社）
　　　　　（010）65238766　85113874　65133603（发行部）
　　　　　（010）65133603（邮购）
网　　址：http://www.tjpress.com
E-mail：zb65244790@vip.163.com
　　　　　fx65133603@163.com（发行部邮购）
经　　销：全国新华书店
印　　装：三河市东方印刷有限公司

开　　本：170mm×230mm　　1/16
印　　张：16.75
字　　数：246 千字
印　　数：5045
版　　次：2016 年 7 月　第 1 版
印　　次：2016 年 7 月　第 1 次印刷

书　　号：978-7-5126-2491-7
定　　价：58.00 元